ジェイソン流 お金の増やし方

改訂版

厚切りジェイソン

ぴあ

この本を手にした人は
投資に興味はあるけれど、
どうしたらいいかわからない
いまさら何を勉強したらいいかわからない
大損しそうで怖くて手が出せない
そんな投資初心者だよね。

芸人・厚切りジェイソンとして仕事をしながら
ＩＴ企業の取締役としても仕事をこなし、
同時に投資家としても活動している僕は
資産運用だけで家族全員が安心して
一生暮らせるほどの資産を
15年で増やしました。

「そんなに資産を増やすなんて
きっとすごい難しいことをしているんでしょ？」
と思う人もきっといるよね。
でも「Ｗｈｙ⁉」と思わず大声を出してしまうくらい
驚くほど簡単な方法でお金は増えるんだ。
それは「コツコツお金を入れて、あとは待つだけ」です。

冗談のようだけれど、
僕は本当にそれしかしていません。
毎朝株価をチェックしたり、
景気に怯えることは一切ないよ。
人生を変えたいなら、
今、すぐ、僕の投資哲学を読んでほしい。
読んだあとすぐに行動に移せば、お金は増えていくから！

はじめに

アメリカで初めて就職をした時に投資を始め、そこから約15年。僕はひたすら「とにかく効率的に簡単にお金を増やす」ことをテーマに取り組んできて、気がつけば**2年前には家族全員が一生安心して生活できるお金を投資の利益だけで得ることができるようになりました。**

巷で最近よく聞くＦＩＲＥ（経済的自立と早期リタイア）だね。

でも、僕はそもそもＦＩＲＥを目指して投資をしてきたわけではありません。アメリカは国からの公的補助が日本と比較して乏しいので、自分たちで老後の資金をなんとかするという意識が根付いています。

僕も就職をしたタイミングで会社から日本の確定拠出年金のような感じで給料から天引きされて投資することができたので、それがきっかけで投資を始めました。

PROLOGUE

はじめに

僕はもともとデータを調べること、そしてそのデータを基に一番効率よい方法で効果を得るということを大切にしています。投資においてもその考えは変わりません。

過去のデータ、著名な投資家たちの考えをベースに、毎日の仕事や家族との時間を犠牲にすることなくお金を増やす方法を導き出しました。その結果が約13年でのFIREです。

13年という年数が早いのか遅いのかはわかりません。ただ、ひとつ言えることは、**僕はとても堅実にお金を増やしてきました。そう、僕はとても保守的な投資家なんです。**そういう意味では、投資に対して「ギャンブル」「怖い」「銀行が一番安心」という意識が強い日本人には向いている投資法だと思います。

僕の投資法はとてもシンプルです。「長期・分散・積立」するだけ。

つまりできるだけ長い時間、リスクを減らしてお金をコツコツ入金するということ。毎日市場を調べたり、株価の下落に気落ちする必要は一切ないんだ。

この本を手に取ってくれたということは、みなさんは少しでも今よりお金を増やしたい、豊かな生活を送りたいと思っているんだよね。ならばこの本を読みながら、スマホを片手に今すぐ投資を開始してほしい。とはいえ、投資には「絶対」はない。残念だけれどね。

でも、僕の15年間の投資経験から得た投資法を一冊にまとめたこの本を読んで行動すれば、きっと今よりかなりの確率で経済的自立に近づいていくはずだと信じている。

実は今まで何度も僕の投資法についていろんな人に話をしてきた。一人でも多くの友人や仕事仲間が幸せになれるならと思って、すべての手の内を明かしてきた。でもね、残念ながらいくら伝えても実際に行動に移してくれたのは本当にひと握りの人なんだ。でもこの本を買ってくれたということは、「お金を増やしたい！　その方法を知りたい！」という熱意のある人だと思うんだ。そんな人の思いに応えられるようになるべく初心者の人でもわかりやすいように説明をしてい

PROLOGUE

はじめに

ます。

この本を読んだことが、みなさんの幸せへの第一歩なんだ！　そして本を読んだあとにすぐ行動に移して、あとは愚直にお金を投資に回していれば最後はハッピーエンドになるはずだ。

自分の人生をしたくないことだけで埋め尽くすのはやめよう。経済的自立をして、本当の意味で自分の人生の舵をとろうよ。

厚切りジェイソン

目次

CHAPTER 1

Why!? お金を増やしたいのにどうしてなにもしないの？

CHAPTER 2 お金を増やすための最初の第一歩は支出を減らす

CHAPTER 3

ジェイソン流 お金を増やす10の方法

CONTENTS

CHAPTER 4

資産形成は自分の人生を手に入れる手段

CHAPTER 1

Why!?　お金を増やしたいのに どうしてなにもしないの？

01

投資をしていない人は、一番のムダ遣いをしている人だよ！

僕は最近、いろいろなメディアで資産を増やすことや、投資について話をする機会が増えています。新型コロナウイルスの影響もあって少なからず家計に打撃を受けた人も多いだろうから、お金について興味を持ち始めた人が多いんだなと感じますね。でも、これだけいろんなところで話しても、なぜかみんな投資をしないんだよ！「投資って危なくない？」とか「騙されそう」「ギャンブルみたい」とかいろいろ言い訳して結局やらないの。

はっきり言うけど、投資をしないのは一番のムダ。これはOpportunity Costだよ！日本語で言うと、「選択しなかったことで、失った価値」という意味なんだけど、お金を銀行に入れていたことで失った価値はでかいよ！ 銀行に預けっぱなしでお金が増えると思う？たまに銀行の残高に「利息10円」

とか記載してあるのを見ると、僕はがっかりするよ。しかもいわゆるメガバンクの普通預金の金利はたった0.1%程度しかない。金利が高めといわれているネット銀行だって金利は0.1～0.3%くらい。つまりネット銀行に100万を1年間預けても、たった1000円程度しか増えないんだよ？　それなのにATMの手数料で100円以上取られるでしょ。時間外で使ったら200円以上取られるじゃん！　1年の金利なんてすぐなくなるよ。なんなんだよいったい！

投資をしているとよく聞く言葉で**「72の法則」**っていうのがある。これは**「固定金利で資産を複利運用（複利についてはP32参照）するとして、元のお金が2倍になるのにどれくらい時間がかかるか」**を計算する方法なんだ。例えばさっき話した100万円を、金利0.1%のメガバンクに預けて、それが2倍の200万になるにはどれだけ時間がかかるか計算すると、なんと720年かかるんだよ！　これでわかったと思うけど、どんなにお金があっても銀行に預けているだけでは絶対にお金は増えない。これは断言できる。お金を働かせなければ、お金が増えることはない。

アメリカと日本の金融資産の割合を比べてみると、日本は「預貯金」が54・2％を占めているのに対して、「株式等」が11％、「投資信託」が4・4％と、「預貯金」が大きな割合を占めているんだ。

一方、アメリカは「預貯金」が12・6％で、「株式等」が39・4％、「投資信託」が11・9％で、「株式等」や「投資信託」が「預貯金」を大幅に上回っている。

アメリカは「投資信託」や「株投資」という形で金融資産を保有する考えが浸透してるんだよね。これはアメリカが日本より公的なサポートや年金が乏しいから、自分で老後の資金や保険のお金をまかなわなくてはいけないという事情があるからだけれど、それを差し引いても日本人は投資に消極的なんじゃないかな？

日本人は安定志向だし、社会のセーフティーネットもしっかりしている。そういう背景もあるから、投資をしなくても勤労所得だけで正直なんとかなる人は多いと思う。

でも２０２２年度から文部科学省が高校の家庭科で「資産形成」や「投資教

育」の授業を行っていると聞いたよ。ニュースによれば、将来を見据えた資産形成の重要性にまで及んで授業をするらしい。もしかすると、2019年に金融庁が「95歳まで生きるには夫婦で約2000万の金融資産が必要」と発表して、しかも28年後には日本の公的な年金の支給水準は約2割減ると公表されたことで、セーフティーネットだけに頼らず、自分で資産を作っておく必要があるということを若い世代に伝える意味もあるのかもしれないね。

だって投資の知識がなければ銀行に預けっぱなしにしちゃって、2000万なんて到底たどり着けるはずがない。20歳の人が毎月2万円を貯金しても、約84年経って初めて2000万を超えるんだ。こんなシビアな未来が待っているのにいつまで「地道に働いて銀行にお金を預けておけば大丈夫」とか「投資は危ない」とか思っているの？

ちなみに僕が行っている投資はどのタイミングで投資をスタートしても、20年間という長期のタームで考えたら、年換算リターンが6・4％を下回ったことはないんだ。「72の法則」で考えると、僕の投資の考え方で運用すれば、約

11〜12年後には100万円が倍になる。自分が働いて得たお金を銀行に預けたままにするんじゃなくて、世の中の素晴らしい商品やサービス、価値を生み出している事業に自分のお金を使って支援する。そして、結果としてその事業が世界を豊かにして、そのリターンが利益となって、自分も豊かになるというのが投資。決してギャンブルではないことがわかってもらえただろうか。

この本を読んだらすぐに僕の投資法をマネして行動してほしい。でも、ここまで言っても「やっぱり怖い」っていう人はいるんだよね。結局、**資産を増やせるかどうかは「すぐに行動できるかどうか」だと思う**。ダイエットも同じ、「痩せたいーっ」て言いながら寝そべって菓子パン食べてるでしょ。そんな人痩せるわけないよ（笑）。

72の法則

72の法則の基本は**「72÷２倍になるまでの年数＝金利（%）」**で計算します。
この計算をすれば、○年までに元金を２倍にするには
何%の金利で運用をすればいいかの目安がわかります。

前述した100万を金利0.1%の銀行に預けて、２倍の200万にする場合は
72÷0.1%=720年
という結果がわかります。

○年後までに元手を倍にしたいという目標があるのであれば、
基本の計算式に数字を入れれば運用の年利がわかります。

〈例〉　貯金400万円を持っている25歳のひとが、
定年の65歳までに2000万円の貯蓄を目指すとしましょう。
毎年、30万円を貯蓄したとしても、
老後資金の2000万円になるにはあと400万円が足りません。
その場合、40年間で最初の貯蓄の400万円を倍にするため、
年利何%で運用すればいいのでしょう？

72÷40年＝1.8%
→「年利1.8%」で運用をすれば、40年後の退職時には800万円が貯まり、
貯金と合わせて2000万円になります！

日米の家計の金融資産構成

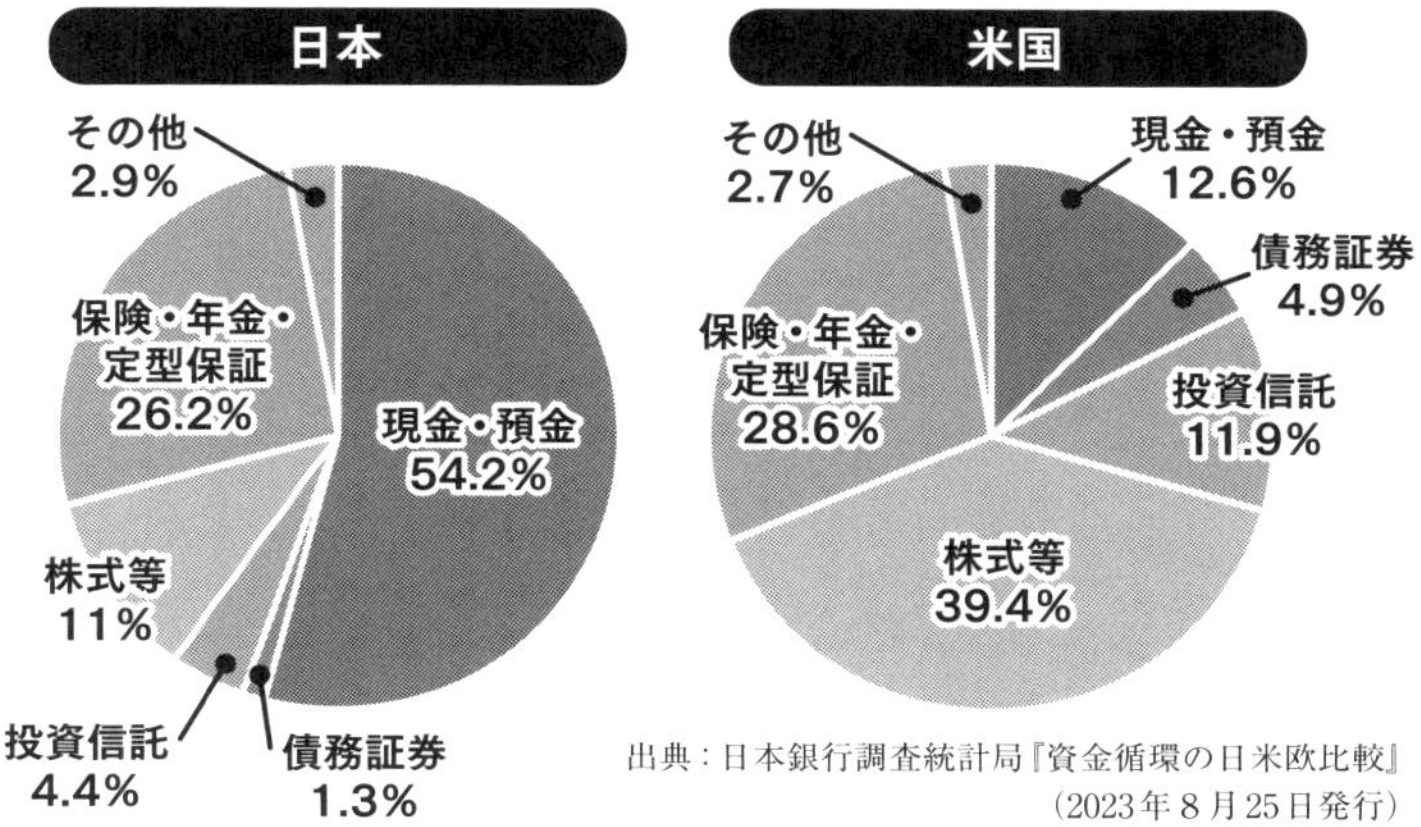

出典：日本銀行調査統計局『資金循環の日米欧比較』
（2023年８月25日発行）

02 僕が資産を増やすのはFIREが目的じゃない

僕が投資を始めたきっかけは、アメリカで最初にGE（ゼネラル・エレクトリック社）に就職した時に、日本の確定拠出年金のような感じで、給料の何割かを資産運用するため、会社で決められたインデックスファンドや、自社株に投資をする機会があったからです。だから、投資を始めて約15年になるかな。これを言うと嫌みに聞こえてしまうかもしれないけれど、僕は約2年前から資産運用だけで一生暮らしていけるようになった。今、流行のFIRE（Financial Independence and Retire Early＝経済的自立と早期リタイア）というやつだね。

僕がFIREをしていると聞くと、豪勢な暮らしをしているんだろうと思われるかもしれない。でも、実際そんなことはないよ。僕は多分、一般企業に勤める家庭と同じくらいの支出で毎月暮らしている。もしかしたら、それ以下の暮らしかもしれない。だって僕は、日頃の買い物は業務スーパーで少しでも安いものを買うようにしているくらいだからね。

よく勘違いされるんだけど、**FIREが目指す「経済的自立」っていうのは一生暮らすのに困らないような大金持ちになることではなくて、資産運用をすることで得られる不労所得で生活費をまかなえること。**だからものすごい収入が高い人でなくても、**できるだけ支出を抑えて、なるべく資産運用に回せばFIREは可能**なんだ。

FIREについて少し説明をすると、アメリカのトリニティ大学の論文に、FIREするために必要な資産の目安は「年間支出の25倍」という「4%のルール」の考えが記されている。理論上、**年間支出の25倍の資産を築けば、年利4%の運用益で生活費をまかなえる**ということなんだ。つまり、年間の支出が200万なら、5000万の資産を築いて、年利4%で運用していけばFIREなんだ。こうやって聞くとFIREは特別じゃないってイメージがわくんじゃないかな。もちろん、コロナショックやリーマン・ショックのように大暴落がくる可能性はゼロではないから、この考えにはリスクがあることを知っておくべきだと思う。だからこそ、資産運用のお金に加えて、仕事で得られる勤労収入を補塡《ほてん》として考えて、仕事を続けるのも大切かもしれないね。

ここまで詳しくＦＩＲＥについて話すと、僕がＦＩＲＥを目指して資産を増やしたと思う人もいるかもしれないけれど、決してそうではない。僕はすべてのことにおいて「自分が把握できていない」「理解ができていない」という状態が好きじゃなくて、それはお金に関しても同じだったんだ。今、自分がいくら資産を持っていて、どういう投資法を行えば何年後にいくらになっているかというのをエクセルで計算するのが大好きなんだよね（笑）。資産が増えていったのは、そういう自分の趣味の延長かもしれない。

実際に今、**経済的に自立をしたことで一番感じているのは、安心と自由のフリーパスポートを得たという感じかな。**僕は今、ＩＴ企業に勤めながら芸能の仕事もして収入を得ているけれど、今回のコロナの影響で一時的に芸能の仕事が激減した。でもその年の芸能の収入とＩＴ企業の収入を足した金額以上に投資の運用益の方が大きかった。もちろんこの運用益は生活費だけではなくて前年の税金の額もカバーできる金額だよ。どんなリスクがあっても家族を養えるのは安心だよね。それからもうひとつ感じるのは、自分で仕事と時間を自由に選ぶことができることの良さだね。仕事はやりがいという側面もあるけれど、それ以上に生活するためにお金が必要だからみんな働いているよね。僕は今、ある程度自分の仕事を選ぶことができる。もちろんオファーいただいた仕事は基本的にやらせていただいているけれど、経済的に自立できているからこそ、より自分が興味のある仕事を選ぶことができている。今は演技をすること、それから有益なお金の情報を伝えることに興味があるから、同じタイミングで複数の仕事が来たら、より自分の好奇心を満たし成長させてくれる仕事を優先することができる。僕と同じように経済的な自立をして安心と自由を得たいのであれば、これから僕が伝える投資方法を参考にしてほしい。**いきあたりばったりの生活から脱出して、コツコツとお金を積み立てていけば、高い確率で経済的にも精神的にも豊かさを手に入れられると僕は確信している。**

03 たった3つの手順で資産を増やすジェイソン流投資法

単刀直入に言おう。**僕の投資法はたった3つのシンプルな手順。支出を減らして、残りのお金を投資に回して、待つ。**それだけ！　めっちゃ簡単だよ！
毎日、株価を眺めてドキドキする必要もない。市場や企業の決算書を調べる必要もない。こんなに簡単なのにやらない手はないでしょ。

具体的に僕がしている投資方法は**「トータル・マーケット・インデックスファンドに投資をし続ける」**こと。個別の銘柄には一切手を出さず、投資信託しかしていない。どうしてトータル・マーケット・インデックスファンドに投資をしているかというと、投資の神様のウォーレン・E・バフェットの影響が大きい。バフェットが2007年に100万ドルをかけて、インデックスファンドと、投資のプロである優秀なファンドマネージャーが運用するヘッジファンド（株式や外貨、不動産、金融派生商品など利益が見込めるものを取り込んで運用）のどちらが10年後に利益を出すかという賭けをしたんだ。結果はバフェットが大勝。**彼が賭けたインデックスファンドの利回りは年平均7・1%で、ヘッジファンドの方が2・2%という結果になったんだ。**

あと、バフェットは自分の妻に向けて、自分に万が一のことがあった時は、「自分の遺産の90%はインデックスファンドに投資しなさい。長期的に見れば良い結果を残せると信じている」と伝えたということを、自身の会社の株主へ毎年送っている手紙の中で綴ったんだ。

これらを知って、投資のプロでさえ市場はなかなか読めないのに、僕たち素人が結果を出せるわけがないと思って、**インデックスファンド一択で間違いがないと確信しました。**インデックスファンドなら、なにも考えずに支出以外のお金を毎月積み立てればいい。長期間積み立てていれば運用のお金は増えていき、複利の効果も得ることができて、加速度的に資産は増えていくんだ。

04 マネーリテラシーがなければ投資は成功しない

「マネーリテラシー」ってよく聞く言葉だよね。英語だからかっこよく聞こえるけど、つまりはお金とうまくつき合うための知識や判断力があるかっていうこと。だからといってすごい資産形成の知識を知っていなくちゃいけないというわけではないよ。**日々の生活の中で「今、使っているお金は本当にその価値があるのか？」と判断できるかどうかが一番大切だと思う。**

この話をするとみんな笑うんだけど、この間、マネージャーがロケ先で和紙製のマスクを買ったんです。僕がなにげなく「それいくらだったの？」って聞いたら「いくらだっけ？」と言いながらレシートを見直して「えぇ？ 1500円もしたの!?」って自分のことなのに驚いているんだよ。もう僕はそれが信じられなかった。だって、彼は値段を見ずにマスクを買ったんだよ。自分が買ったものが、支払った金額に値する価値があるのか、まったく考えないでお金を使っているってことだよね。もうそれが僕には信じられない。

でも、この話で笑った人も同じようなことを日常的にしていると思う。例えばあなたは毎日お店で300円とかするコーヒーを買っていませんか？　たった300円と思うかもしれないけれど、1ヶ月で9000円。1年で10万8000円だよ!?　もちろん、そのコーヒーに10万円以上の価値があると思っているのであれば僕は一切否定しない。大切にしているものは人それぞれだからね。でも、もしこのコーヒーを家で淹れて持ってきたらどうだろう。その**10万円を投資に回すことができて、今より少し早く経済的自由を得ることができるんだ。**

アメリカでおもしろい研究結果が出ていて、ノーベル経済学賞を受賞したプリンストン大学のダニエル・カーネマン名誉教授が「(日本円で) 年収800万までは収入が増えるほど幸福度が高くなり、800万以上になると幸福度はさほど変わらない」ということを科学的に発見したらしい。年収800万あれば幸せに暮らせるのであれば、先に話した「4%のルール」で計算すると2億円あれば運用益が800万になるから、永遠に幸せに暮らせるんだよ。もちろん、2億円は簡単にたどり着ける数字ではないけれど、年間の10万円に複利の効果を加えて考えてみると、大金になることに気がついていない人が多いんじゃないかな?

例えば、コーヒー代で浮いた元金《がんきん》(もともとのお金)10万円があって、この10万円を金利**5%**(年利)で1年間預金したとすると、1年後には**10万5000円**になる。この5000円は、元金の10万に対してついた利子。この5000円も含めた**10万5000円**で再度金利**5%**で1年間預けると、1年後は11万円になるのではなく、**11万250円**となる。この250円は、利子の**5000円**についた利子。**つまり、利子にまた利子がつくのを「複利」というんだ。ちなみに最初の元金だけが利息を生み続けるのを「単利」といって、元本がずっと10万だからずっと5000円ずつしか増えない。**

表を見てもらえばわかるけれど、複利のすごいところは時間が経過すればするほどリターンが大きくなるんだ。コーヒーで支払っていた10万円を元手に30年年利5％で運用を続けていれば、単利だったら25万円にしかならないけど、複利なら43万2194円にもなる！　なんと、1・7倍ほどの差がつくんだ。

日常的に使うお金への意識、それから複利ということを意識しているだけで、将来に大きな違いを生むんだよ。

10万円を30年間、年利5％で運用した場合

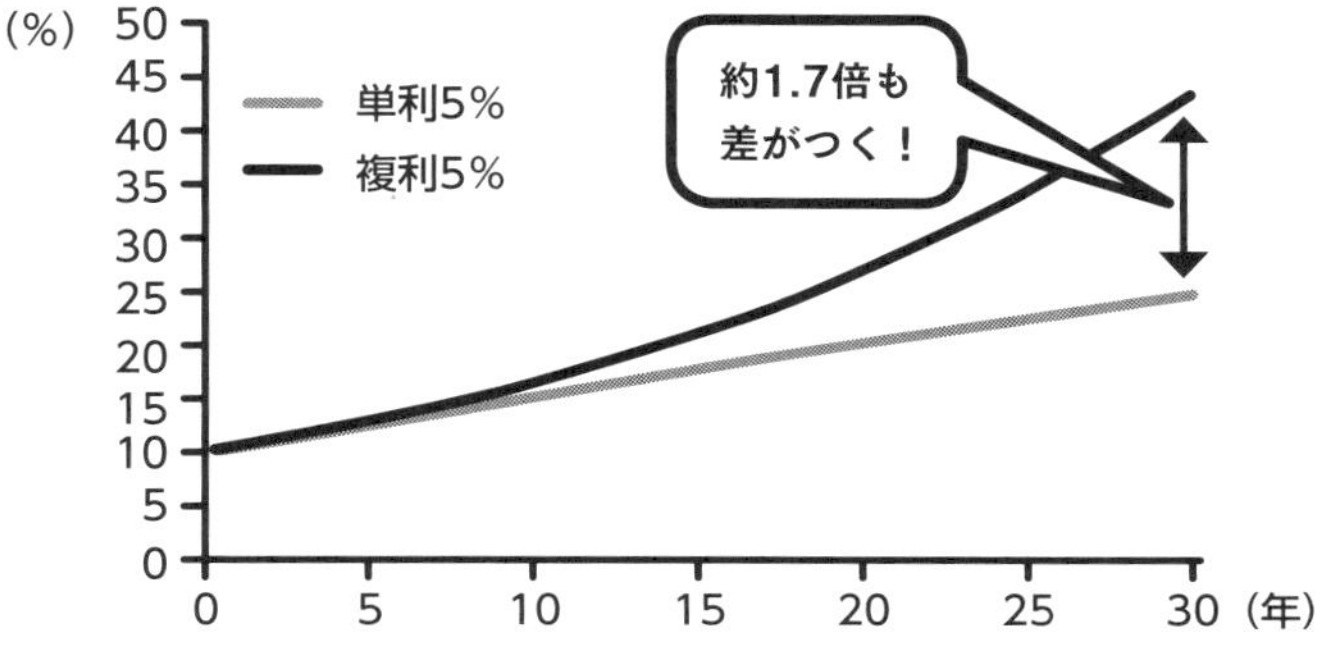

複利による将来のお金は次の計算式で表されます。

n 年後のお金＝元金×（1＋利回り）^{n}

自分が今持っているお金を元金として、
複利の効果でどれだけ増えるのか計算してみよう！

05

お金を稼ぐ方法はひとつだけじゃない

日本はいまだに終身雇用が根強いから、どうしてもお金を稼ぐメインの方法は会社からの給料という意識があるのかもしれないね。

僕の父親世代のアメリカ人は、日本と同じように終身雇用の考えを持って働いていたけれど、僕世代のアメリカ人には終身雇用という考えはない。いつでもより条件の良いところで働こうと考えているし、逆に結果を残せなければすぐ切られるという不安もどこかで抱えながら働いている。だからアメリカでは、会社が支給したハードウェアを使わないなどの条件はあるにしても、個人が副業をすることに会社が反対する風潮はない。日本も最近は副業ＯＫな会社が増えたというよね。**僕は積極的に副業はするべきだと思う。**

その理由は**「投資に回せる元手のお金が増える」**から。さっき、複利の話をしたけれど、元手が10万円じゃなくて100万円だったとしたら、30年後には約432万円になっているんだ。

僕は日本に来た当初、ITの仕事をしていました。でも、お笑いに興味を持ったことで、仕事をしながらスクールに通い始めて、気がついたら芸能の仕事ができるようになったんだ。もちろん芸能の仕事を副業にするためにスクールに通ったわけではなかったし、正直ここまでテレビに出られるようになるとは自分でも思ってもいなかった。でも、メインの仕事とは別のことに挑戦したことで、収入を得る方法をもうひとつ増やすことができた。このおかげで投資に投入できるお金がぐんと増えて、結果リターンも多くなったんだ。

とはいえ、副業ができない条件の人もいるだろうし、忙しくて副業にまで手が回らない人もいるかもしれないよね。そういう人はもちろん、どんな人でも間違いなく元手を増やせる方法がもうひとつあるんだ。それは**今の仕事を頑張って、スキルをつけてポジションを上げること。**

僕は、最初に就職をしたGEには「次世代リーダーの特別プログラム」という枠で入社しました。その枠で入社をした同期はとにかく優秀な人が多かった。僕も当初はそれなりに優れた能力を持っていると思っていたけれど、蓋を開けてみたらギフテッド（生まれつき突出した才能を持つ人）と思われるようなすごい能力を持っている人たちがたくさんいて、決して自分が優れているわけではないと痛感させられた。

でも、僕は**GRIT（やり抜く力）を持っていた**んです。ちょっと前『やり抜く力 GRIT』（ダイヤモンド社刊）っていうタイトルの本が世界的にヒットしたけれど、そこに書いてあったように、僕は才能に恵まれていたわけではなくて、**「僕ならできるという自信や情熱」と「粘り強く努力する」**ことに対し、人より少し長けていました。だからGEでもすごく仕事を頑張ったし、仕事をしながら夜は大学に通って修士号を取得しました。それから転職をして日本に来た時も、仕事をしながら「日本市場進出ビジネスコンペティション」というものに参加をしたし、早稲田大学のビジネスコースにも通ったよ。日本に来てから約3年半ほどは、自分でも努力をしていたなと思います。でも、ここまで努力したのには理由があって、**「自分の市場価値を上げることで、自らのスキルと仕事のポジションを上げる」**という目標があったんです。**スキルがつけば、転職もしやすいし、役職にもつきやすい。そうすれば自ずと給料も上がる。副業をしなくても、まずは今の自分の仕事を頑張ることも元手を増やす手段のひとつだと思います。**

僕はスキルをつけたことで、転職もできたし、要職につくこともできた。本業の仕事以外に収入を得ることができるお笑いの仕事と、自分の市場価値を上げたことで勤めることができたベンチャー企業からの収入で、かなりの金額のお金を得ることができて、それを元手に運用をしたおかげで資産は驚くほど増えました。

こうやって話すと、「結局、ジェイソンは恵まれた環境にいたんだな」と思われるかもしれないけれど、決してそうではないことを次に話します。

06 自分の人生をコントロールして資産を増やす

僕が粘り強く努力をしたという事実があっても、やっぱり恵まれた環境にいたから成功したのでは、と思っている人がいるかもしれないね。でも、**僕はどんな時でも人生のリスクをとったことで資産を増やしたんだ**。

最初に入社したGEは、アメリカの大企業だし、一生そこで勤め上げるという安全な人生のチョイスもありました。それも良い人生だったと思う。それでも僕は、将来会社が立ち行かなくなるかもしれないというリスクも考えられるベンチャー企業に転職をしました。その理由は、GEにいるよりより大きなリターンを得られるかもしれないという考えがあったからです。

僕は常に「どうすればお金を増やす確率が高くなるか？」ということを考えてきた。でもここで勘違いをして欲しくないのは、僕は確率を高くするために

「自分の人生のリスクをとっただけで、投資のリスクをとったわけではない」ということです。

お金を増やすためには投資をすることが必要だと僕は話しているけれど、投資のリスクを無闇にとることは絶対に勧めない。前述したように投資のプロでも市場は読めないように、**投資のリスクを自分でコントロールすることはできません。でも、自分の人生のリスクをコントロールすることはできます。**

安定した会社で、少し節約をして、残りのお金で投資をするという選択もあります。でも、僕は転職をして、よりリターンが望める会社へ行くというリスクをとりました。ただ、僕はそのリスクをコントロールできるように20代のうちに、スキルも身につけ、退職したGEにも戻れるように根回しもしていた。それに20代のうちに挑戦をしたことも重要だったね。若い時に成功すれば大きなお金を長期間投資に回すことができて運用益が大幅にアップするし、仮にビジネスで失敗をしてもやり直しがきく。でもこれが50代でリスクを負うとなると、大きなお金が手に入っても運用できる期間が短いし、仕事で失敗した時にその後の人生のダメージも若い頃よりは大きくなるでしょう。

COLUMN 1

僕のコロナショック体験談

僕はコロナが蔓延し始めてから毎朝資産をチェックするたびに驚きを隠せなかった。約15年続けて積み上げた利益が毎日ものすごい額吹き飛んでいって、一時期はマンションのひと部屋分の購入金額が毎朝減っていくような日々だった。ここだけの話、今まで投資で積み上げた利益分がすべてなくなっていったんだ。一切投資せず、現金で持っていたほうがよかったくらい。本当にあの数字を見たときは結構つらかった。

結局、想定以上に早く株価は復活して、今は当時以上にお金が増えた。本当にコロナショックの時はどうなることかと冷や冷やしていたけれど、売らなくてよかった。

どんな局面でも自分の投資スタイルを曲げずに来られたのは、父のリーマン・ショックの時の狼狽売りの苦い経験があったから。そしてなにより、自分が納得いくまで市場も過去のデータも分析をした上で投資をしているから。

僕の投資法を参考に、投資の世界に一歩足を踏み出してほしいのはもちろんだけれど、投資に慣れていったら少しずつ「今の投資額を変えたらどうなる?」「違う銘柄に投資をしたらどういう結果になるか?」「今の投資額で過去の大暴落時に投資をしていたら20年後にはどうなっているか?」など仮説を立てて分析をしてみてほしい。自分の投資に一層自信を持つことができ、投資の上で一番してはいけない狼狽売りを避けることができるはずだ!

お金を増やすための
最初の第一歩は支出を減らす

01 資産を作りたいなら まずは支出を見直す

「今日、あなたはいくらお金を使いましたか？」

この質問に明確に金額が答えられる人が何人いるかな？　ちなみに僕は同じ質問をされたら「使ってない」と即答するよ。だって**最後にいつお金を使ったか記憶にないくらい、お金を使わないから**。僕が節約家という印象を持っている人も多いと思いますが、本当にお金は使わない。

資産を形成する上で大切なのは「投資額を増やすこと」。そして、この投資額を増やすために最初にやらなくてはいけないのが「支出を見直すこと」なんだ。**「収入－支出」を最大化することで、投資に回せるお金が増えるんだよ！**

そう考えると、日頃自分が使っているお金を見直したくなるでしょ？

ちなみに僕は、今年の6月中に自分が支払ったお金は2回。仕事のロケ先に行くための電車代だけです。プライベートな支出は電車代だけだよ！　だからといって家族の食費や教育費をものすごい削っているということも一切ない。みんな欲しいものは自由に買っているよ。ただ、**「それは本当に自分が欲しいものか」ということは僕自身も家族も考えるようにしている。**

感じ悪い印象になることを承知で言うと、僕は読者の皆さんよりかなり多くの資産を保有している。でも、ぶっちゃけて言うと5人家族の僕の家庭の6月のトータルの支出（住居費、保険などを含まず）は27万7463円だった。主な内訳は食費が10万6160円、光熱費が2万9138円。教育費が5万2150円。通信費が2884円。総務省統計局が公表している家計調査（2020年）によると、4人家族の一般的な生活費の平均額は20万8908円らしい（住居費、保険などを含まないと17万7856円）。今あげた項目は最低限の生活費の目安で、そのほかにも娯楽費や交際費、被服費とかあることを考えるとまだまだ毎月かかる金額はあるだろうね。

支出を抑えることがなぜ大切かというと、投資額を増やせるということ以外に、**支出を減らした方が、新たに所得を生み出すよりはるかに費用対効果が高いからなんだ。**

例えば先にも話した10万円で10％の年利の場合、1年で生み出すのは1万円だよね。でも、例えば毎月支払っている携帯電話代をより安いものに替えてみてはどうだろう？　ちなみに僕は格安SIMの携帯プランに入っていて、妻と二人で毎月2884円支払っている。でも、家計調査の報告によると一般家庭では通信費に毎月1万4829円も支払っているらしい。なぜ？　毎月僕の家庭と約1万2000円もの支払いの差があるんだよ！　携帯電話の通信プランを替えれば、年利10％どころが月利10％と同じ効果があるんだよ。**支出を見直した方が同額の利潤を得るよりめっちゃ簡単じゃん。**今すぐ見直してよ。

あと、**固定費を減らすもうひとつの良い理由として、一度減らせばそのあとずっと節約の効果が続くんだよ。**食費みたいな毎月の暮らし方によって変わる変動費は毎日コツコツと節約をして工夫をする必要がある。でも、通信費や光熱費のような固定費は一度減らせばあとはなにもしなくても勝手に減額されるからね。

一般家庭の平均生活費とジェイソン家の比較（円）

	ジェイソン家（5人暮らし）	一般家庭（4人暮らし）
食費（酒・外食含む）	106,160	84,430
光熱費	29,138	22,443
通信費	2,884	14,829
教育費	52,150	25,354

総務省統計局 家計調査を参考に作成

固定費で減らしやすい項目をピックアップして比較をしても、ジェイソン家が一般家庭とさほど変わらないことがわかるはず。しかも、ジェイソン家の被服費は基本0円。外食も基本的にはしない。

※住居費は固定費の削減という点で考えた場合に、住んでいる地域によって差があるため比較対象に入れていません。

通信費は簡単に変更できるから今すぐ見直したいね！

02 支出を見直す第一歩は可視化すること

支出を見直そうと思うなら、まずは可視化することが大切だと思う。自分が毎月、なにに いくら使っているかを見えるようにすると、日頃、自分の支出を意識していない人は驚くと思う。「俺、コンビニでこんなにお金使ってたのかよ！」ってね。

とにかく1ヶ月家計簿をつけてみてもいいかもしれないけど、書くのは面倒だから、**Moneytree というアプリをおすすめします。**実際、僕も使っていて、これで資産を管理している。連携したカードで買い物をしたら、AIが学習して勝手に支出を項目別に振り分けてくれるから、気がついたら家計簿ができ上がっているよ。これを改めて見ると、自分のムダ遣いがよくわかると思う。

自分で稼いだお金で購入したものが、対価に見合う価値のものなのか考えることは大切だよ。 年間で何十万円使っているコーヒーが本当にあなたの人生を幸せにしてくれているならいいけれども、何十万円分も自分の人生になにかを還元してくれたのか考えた方がいい。

それからもうひとつみんなに伝えたいのが、**税金という観点が抜けている人が多い**ということ。仮に500円のコーヒーを購入する場合、税金のことを加味すると600円以上は稼がなくてはいけないんだ。1時間のバイト代が1000円だとして、あなたが買ったコーヒー1杯は、そのバイト代のほとんどを消費してしまうんだよ。

僕はコーヒーが大好きで、毎日2リットルくらい飲んでいるんだけど、お店や自動販売機でコーヒーを買ったことはないよ。いつも業務スーパーで買った2リットルの炭酸水の空のペットボトルに、同じく業務スーパーで買ったインスタントコーヒーを溶かして飲んでいる。美味しいかって？　ちっとも美味しくないよっ（笑）！　でもカフェインは補給できてるし、僕はこのスタイルに満足している。他の人の目なんてまったく気にならない。

03 ジェイソン流節約哲学

僕がこの節約スタイルになったのは、両親の影響が大きいと思う。僕はミドルクラスの家庭出身で、父が働き、母は専業主婦でした。父も投資をしていたから決してムダ遣いをする人ではなかったし、特に堅実な母の生活振りが僕の節約に対する意識を強くしたと思う。

暮らしが厳しいわけではなかったけれど、母はよくチラシを見て割引クーポンを活用していました。そんな母に言われて忘れられない言葉があって、「お父さんは外でお金を稼いでくる。お母さんはいろんな商品を半額や割引にするクーポンを使って、お父さんのお給料を倍にしているの。どちらも家計に貢献している」という言葉です。確かに**物を節約することも、浪費をしない工夫もお金を稼いでいるのと同じだよね。**

こういう考えはアメリカでは珍しいと思う。そもそもアメリカはクレジット社会で、自分の稼いでいるお金以上にクレジットで買い物をして、月末にその返済に苦労して借金をしているという人が多いから。こういう社会の中で、節約の感覚を持てたことはラッキーだよね。

だからよく「宝くじが1億円当たったらなにを買う」とかいう話をすると思うけど、僕は買いたいものはない。お金がたくさんあるから本当に必要じゃないけれど買っちゃおう、という考えは違うと思う。本来、**収入と使えるお金は比例しないはずなんです。**収入が上がると支出もどんどん増やしてしまう人が多いんだけど、これではいくらお金があっても資産は増えないし、結局幸せを感じることができないんだ。

FIREの話をするときに**「Hedonic treadmill（ヘドニック・トレッドミル）」**という言葉がよく出てくるんだけど、これは日本語で「快楽順応」と訳されていて、快楽を追い求めてトレッドミルのように走り続けても、結局は幸せにたどり着けないという意味なんだ。

所得が増えるとその状態にすぐに順応してしまって、欲しいものをどんどん買って生活水準を上げて自分の欲求を満足させる。でも、それはすぐに当たり前になって、もっと欲しいという願望が大きくなって、さらに良い生活をするためにお金がもっと必要だ、と感じるようになってしまいます。これは本当に不幸だと思う。この状態はきっと「本当に欲しいものを手にしている」というよりは、「絶対に欲しいわけではないけれど、自分の収入のレベルに合った、今の自分にマッチするものが欲しいからなんとなく買っている」というだけで、結局はいらないものを買っているんだよ。欲しくもないものを買うために大変な仕事を頑張っている……それってどんな人生ですか？　本当に必要で欲しいものじゃないものを買うために自分の時間とお金を使うほどもったいないことはないよ！

ヘドニック・トレッドミルの仕組み

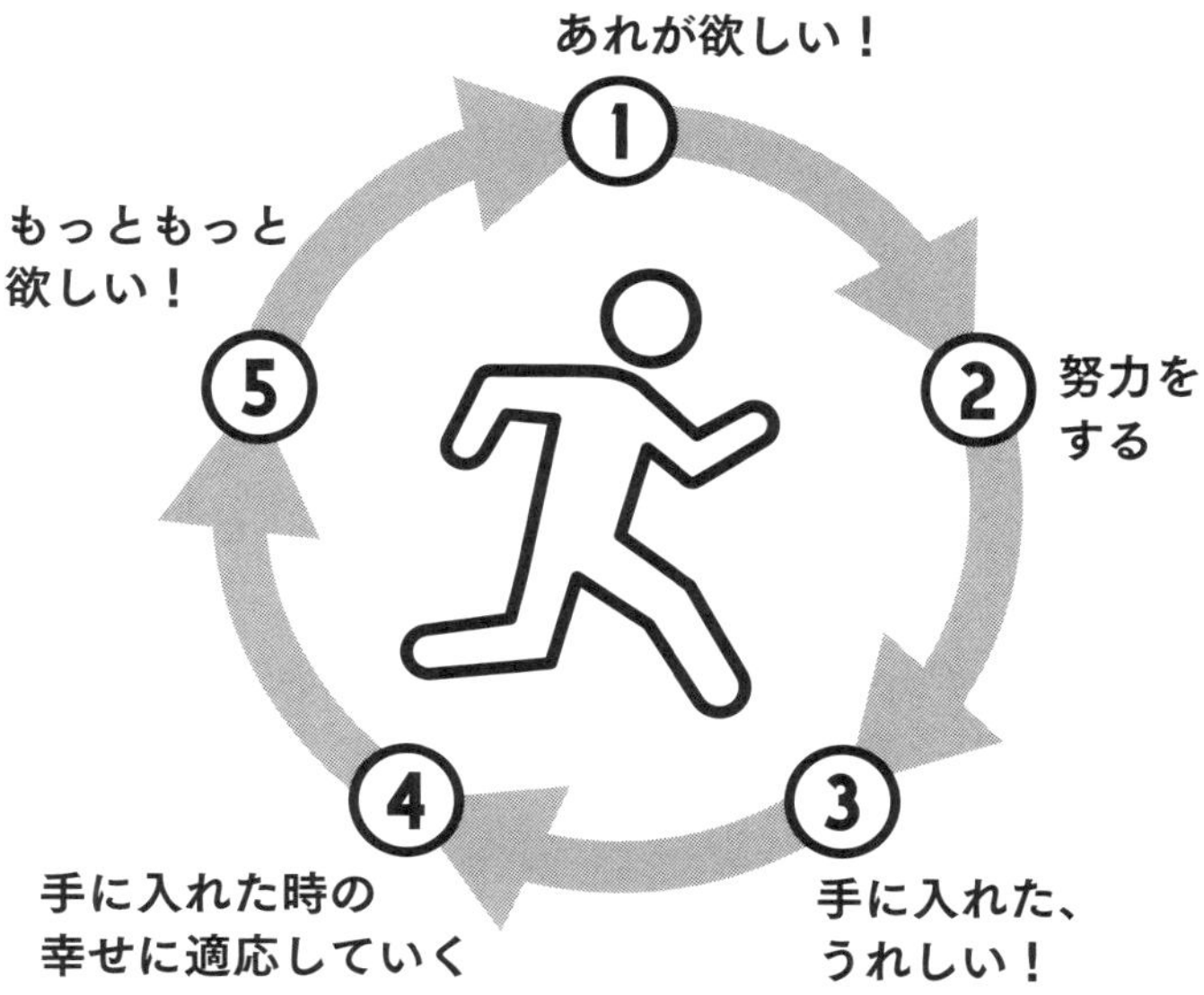
あれが欲しい！
1
2
努力をする
3
手に入れた、うれしい！
4
手に入れた時の幸せに適応していく
5
もっともっと欲しい！

「それは本当に自分の欲しいもの？」と問いかけて、トレッドミルから降りる勇気を！

04

ジェイソン流・本気の節約術

節約家である僕がどんな工夫をしているか少し話をしたいと思う。僕の節約方法はちょっと極端かもしれないけれど、ここまでやることができるということを知ってもらえれば、なにか参考になるかもしれないね。

①自動販売機やコンビニでなるべくペットボトル飲料は買わない！
②必要がないならコンビニに行かない
③交通手段はまず歩く！
④より安いスーパーで大量買い＆割引買い
⑤スペックが大して変わらないなら安い代替品で対応
⑥洋服は基本買わない or お下がり

⑦飲み会には基本行かない
⑧ジムは公共施設を活用
⑨サブスクリプションサービスは見直す
⑩ポイント倍増にだまされない。ポイントはごほうび遣いをしない
⑪欲しいものは少し待ち、安いものを買う
⑫家族がお金に対して同じ価値観を持つ

ポイント① 自動販売機やコンビニでなるべくペットボトル飲料は買わない！

一体どれくらい前にペットボトルを買ったか記憶にないくらい買ってないな。だって500mlのペットボトルを自動販売機で買ったら1本150円もするんだよ！ 僕は毎日コーヒーを2リットル飲むから、それだけで1日600円だよ。ありえない！ 家でコーヒーを淹れて持っていけば600円払わなくていいんだよ。最近は水筒を持ってきている人も多いから、ぜひそのひと手間を惜

しまずに節約に励んで欲しいね。ちなみに僕の娘たちも自動販売機やコンビニでペットボトルのジュースなどを欲しがることはありません。彼女たちは母親と一緒にスーパーに行っていて、コンビニと同じ商品がスーパーなら安く買えることを知っているので、その場の欲求で欲しがることはないよ。子どもが我慢できるんだよ、君たちも我慢できると思うんだ。

ポイント❷ 必要がないならコンビニに行かない

自動販売機を使わないのと同じくらい、コンビニにも行きません。みんな仕事の帰り道とか移動途中になんとなくコンビニに入って、なんとなく商品を手にして、別に欲しいわけでもないのに買い物してない？　それ、マジでムダ遣いだよ。ムダ遣いをやめるためにもどうしても買う必要がある場合以外はコンビニには近づかない方がいい。そういえばこの間、撮影が深夜まで及んで、睡眠不足であまりにきつかったからマネージャーを誘ってコンビニにカフェイン飲料を買いに行ったんだけど、コンビニに行かない僕が「行こうよ」と誘ったからマネージャーはすごいびっくりしていたよ（笑）。

ポイント③

交通手段はまず歩く！

仕事のロケや撮影が都内である時は、基本歩いて行っています。歩くことが好きなので10～15キロ程度であれば余裕だよ。公共交通を使って遅延したりすることもないし、時間も守れる。芸能人はよくタクシーに乗るけど、僕はいつも通りの格好で都内を歩いている。誰にも気がつかれないんだよ（笑）。お金もセーブできるし、歩くことで健康にもなるし、歩いている時間に金融関係のポッドキャストを聞いて情報も得ている。一石三鳥だね。

ポイント④

より安いスーパーで大量買い＆割引買い

基本的に食料品や日用品の買い出しは妻に任せています。でも買いたいものを制限するような節約は一切していません。ただ、妻は毎日スーパーで買い物をしているから、お店の底値を大体把握していて、より安いところで購入しているようです。だから僕の家族は業務スーパーが大好きだよ！　最近、妻と子どもがなぜかカニカマにどハマりしているんだけど、メジャーなスーパーでカニカマを買うと一個130円するのに、業務スーパーで買うと54円なんだよ。同じ幸せを得られるならより安い方がいいじゃん！　節約のために「食べない」じゃなくて、より安く買える店を把握して「食べる」節約の方がいいよね。

あと、大量に買った方が安いのであれば、ケース買いもするよ。これは住んでいる場所のスペースによるから全員におすすめはできないけれどね。でも、注意して欲しいのは「大量だから安い」という思い込みで買わないこと。計算してみたら実は値段が変わらなかったりする場合もあるので、ちゃんと買う際に計算をすること。

それからスーパーに行ったときに欲しかったものが割引になっていればそれを買います。でもレジでちゃんと割引されたか確認してね。レジの人も人間だからたまに割引を忘れることがあるんだよ。僕はそういう時、すかさず「割引されていないです」と言います。え？　そんなこと言うのが恥ずかしいって。

なにを言ってるの、恥ずかしいから正規の値段のままで買うなんてまったく理解できないよ！

ポイント5 スペックが大して変わらないなら安い代替品で対応

携帯電話を格安SIMに乗り換えて通信料を安くするのはもちろんだけど、僕は携帯本体も安いものを使っています。Amazonで買った中国製で見た目はiPhoneそっくりだけど、なんと9000円（笑）！　どんな商品でも性能が変わらず、自分が納得できるなら、メーカーやブランドにこだわる必要はないと思います。

ポイント6 洋服は基本買わない or お下がり

これはかなり極端だし、僕だからできる話かもしれないけど、洋服も基本買っていません。衣装で使ったものをもらったりしています。今履いている靴もスタイリストさんにお誕生日プレゼントでもらったものです。大人がこの節約術をマネするのは難しいかもしれないけど、子どもの洋服は可能だよね。うちの子どもたちはご近所の方からお下がりをいただいたり、僕の両親がアメリカの古着屋さんで購入したものを送ってもらっています。すぐに大きくなっちゃうから、新しいものを買うのはコスパが良くないよね。

ポイント7 飲み会には基本行かない

実は僕は人づき合いが苦手で、LINEでつながっている人も妻と仕事関係の人たちだけ。そんな人間だから飲み会にも基本的には行きません。もちろんビジネス上の会食は行くけれど、そうではない仲間内の飲み会とかは極力行かない。妻のご飯が美味しいから外食より家で食べた方が満足できるし、その分お金も時間もセーブできて、ストレスもフリー。会社にいれば断りにくいこともあるだろうけど、NOと言えるものは、極力言ってもいいと思うよ。

ポイント8

ジムは公共施設を活用

僕は日本に来たばかりの時140キロ以上あったんだ。さっきもお話ししたように妻のご飯が美味しくて食べていたらそんな状況に……。ダイエットを決意して、今は80キロ台になったんだけど、当初はジムに通って筋トレをしようと思っていたんだ。でも日本のジムは会費が高いよね。アメリカは日本の約半額で通うことができるから、それを思ったらジムに入会するのをやめました。ジムに行かなくても毎日2時間ほど歩いているし、公園の器具を使って筋トレもできるしね。定期的に支払うものは金額を忘れがちなので、利用している人はたまに見直すことをおすすめします。

ポイント9

サブスクリプションサービスは見直す

コロナ禍の影響でサブスクリプションサービスを使っている人も多いんじゃ

ないかな。僕もつい先日までは動画配信サービスに入っていましたが、値上げをきっかけに退会しました。どうしても今見たい作品があるかといえばそうではないし、実際にTVerのように無料で映像を楽しめるアプリもあるからね。ジムと一緒だけど、定期的に支払っているお金は気がつかないうちに値上げをしていたりするものが多い。それに、支出を管理していない人はカード明細も見ないだろうから、サービスに入っていることすら忘れて払い続けているというパターンも多いはず。あり得ないよ!

サブスクは便利な一方で、よく内容を確認する必要がある。例えばAmazon Primeは配送料が無料になって、商品が翌日に届くから便利だし、動画や本も見ることができてお得だと思って入会している人が多いよね。でも、そもそも一度の注文合計金額が2000円以上なら配送料は無料だよ。住んでいる場所にもよるけれど、都内であれば基本、注文したものは翌日に自宅に届くし、映像作品だって探せばフリーで見られるものもある。ちゃんと調べれば、お金を払わなくても同等のサービスが受けられるんだ。

あと、サブスクリプションサービスは一度入ったらずっと使い続けなくてはいけないと思い込んでしまう人もいるだろうけれど、規約に契約期間の縛りがないのであれば、必要な時に入会して、いらなくなったらやめる、ということを繰り返せばいいと思う。僕は動画配信サービスをやめたけれど、また見たいなと思う作品が溜まってきたらサービスを再開するかもしれない。その時は見たい作品を一気に見て、すぐにやめる予定だよ。

ポイント10 ポイント倍増にだまされない。ポイントはごほうび遣いをしない

「ポイ活」といって、クレジットカードのポイント還元や、アプリと連携したお店のポイントが貯まるサービスが話題だよね。それに電子マネーの導入を促すために「○%還元」とかやっているのをよく見る。ポイントを貯めたり、割引を活用したりするのはいいと思うけど、「売り文句に誘惑されないこと」は大事だと思う。割引だからとか、ポイントが倍増するタイミングだから買っちゃおうって、別にそんなに欲しくなかったものまで買っている人がいるんじゃないかな。いくら割引でも、ポイントが貯まっても、本当に必要じゃない

ものを買っていたら、それは節約じゃないよ。ムダだから！

あと、「ポイントが貯まったから、買っちゃおう」とごほうび的にポイントを消費したりしていない？　ポイントはお金と一緒だから！　ポイントっていう名前にだまされて、ごほうびなんて買ってる場合じゃないよ。お金として有効に使おうよ！

ちなみに僕は**「使用頻度が高いお店で日常的にポイントを使う方法」でポイントを活用しています。**例えば日常的に使っているスーパーなどが特定のカードを使用するとポイントが多く貯まるのであれば、そこで使用するカードはいつも同じものを使用するようにしてはどうだろう。そして効率的にポイントを貯めて、そのポイントを、またスーパーでの買い物に還元すれば「ポイントのごほうび使い」をすることもなくなるし、本当に必要な支出の補助になるよね。

調べてみると、お会計でクレジットカードを提示してポイントを貯めつつ、さらにそのクレジットカードや電子決済で支払いをすることでポイントがダブルに貯まるサービスなどを各社行っているよ。ポイントはお金と同じ。頻繁に支払いが発生する実店舗のスーパーやネットショッピングだからこそ、お得な方法はないかよく確認をして、効率的にポイントを貯めて節約に励もう。

ポイント11 欲しいものは少し待ち、安いものを買う

節約はしているけれど、本当に欲しいものは買っている。でも「欲しい！」と思った瞬間にすぐ飛びつくようなことはしないかな。最近、SWITCHのゲームソフトが欲しくて買ったんだけど、これもセール価格になるまで待ちました。数ヶ月待てば安い値段でまったく内容が同じゲームが買えるんだよ、待てばいいじゃん！

子どもたちにも同じようなことを伝えていて、「○○が欲しい」とねだられたら、ネットで安いものはないか探したり、少しすればセールになるかもしれないからちょっと待ってみようという提案をします。子どもだって待てるんだから大人もちょっとくらい我慢しようよ。

ポイント⑫ 家族がお金に対して同じ価値観を持つ

節約をする上で一番大事なのはこれかもしれない。僕は節約を日常的にしている家庭で育って、自分自身もそうやって生活してきた。そして妻も同じ価値観で生活を送っている。もし一方が資産形成をしたくて節約を心がけているのに、もう片方が節約したお金を気にしないで使いまくっていたら、資産なんて増やせるわけがないよね。家族がお金に対して同じ価値観を持っていることが節約、そして資産形成には重要なポイントになってくると思う。

僕のいとこはこの「お金に対する価値観」が合わなくて離婚をしたんだ。スーパーで会計をする際に、レジの隣に陳列されていた1ドルのキャンディーバーを買おうとしたら「そんなものいらないでしょ。衝動買いしてるんじゃない！」と一蹴されて、それがきっかけでさようならしたらしい。

夫婦間で資産形成に向けて共通の目標を持つこと、お互いに無理のない節約ができることが最短距離で資産を増やす方法だと僕は思う。

ここまで僕の節約術について話したけれど、決してこれをすべてマネする必要はないよ。自分の価値観や生活スタイルに合わせて、取り入れられるものだけやればいいいし、別に節約をしなくたっていいと思う。人生において大切なことは人それぞれ違うからね。

でも「自分が手に取っているものは本当に必要なものなのか、欲しいものなのか」を判断できる判断基準を自分の中で持つこと。そしてどんなものでもサービスでも「その商品は自分の生活や人生に価値があるのか」を考える癖をつけること。これができれば、生活を制限するような苦しい思いの節約をすることはなくなるはずだ。

COLUMN 2

「良い借金」と「悪い借金」

借金と聞くと印象が悪いよね。資産がないくせに、お金を借りているという印象かな。でもね、僕は借金には「良い借金」と「悪い借金」があると思う。そして良い借金はできるだけ借りたほうがいいと考えている。

悪い借金は、例えば消費者金融やリボ払いの高い金利の借金。15%という法外な金利はなるべく早く完済しないと逆複利が働いて大変なことになる。最近はリボ払いの悪い印象を払拭するためか「スキップリボ」などと名称を変えているので要注意だ。それにリボ以外にも「ツケ払い」「分割払い」など無駄な利息に追われ続ける仕組みがたくさんはびこっている。しっかり調べなければ痛い目にあうことになる。特にお金の教育を受けていない若い子たちは獲物にされやすいから、注意してほしい。悪い借金には絶対に手を出してはいけない。

一方で、良い借金もある。例えば住宅ローンはいい借金になり得るんだ。

僕の投資法なら20年というスパンで見れば、平均して6%以上の金利が期待できると話したよね。住宅を買える分の現金は投資に回し、住宅購入費はローンを組む。すると住宅ローンと投資分の金利の差額は利益になるんだ！　住宅ローンが仮に1%だとしたら、僕の投資法で考えると差分の5%が投資で得られる利益になる。現金一括で家を買うと手元に残るのは家だけ。でも、良い借金をしていれば、最終的には家も手に入り、住宅購入分の現金で投資をして利益も得ることができる。

お金の正しい知識と、お金に対する正しい判断力があるかないかで、人生は大きく変わるんだ。

CHAPTER 3

ジェイソン流
お金を増やす10の方法

お金を増やす方法 1

インデックスファンドに「長期・分散・積立」投資をするだけ

投資信託とETFってなに？

僕の投資法はとてもシンプル。

米国株のインデックスファンドに定期的にコツコツとお金を入れていくだけ。つまり、投資信託しかしていないんだ。

いちいち市場や株価をチェックして投資はしていない。入金して、ただ待つだけ。「経済のことなんてよくわかんないし、今さらお金の勉強するのも面倒くさい」っていう人は、なにも考えずに僕のように「投資信託」をするのが簡単に資産を増やす方法だと思う。もちろんどんな商品を選ぶかはすごく重要だけどね。

とはいえ「そもそもインデックスファンドってなに？」という人もいるだろうから、ちょっと説明しよう。

個別株と投資信託の投資の流れ

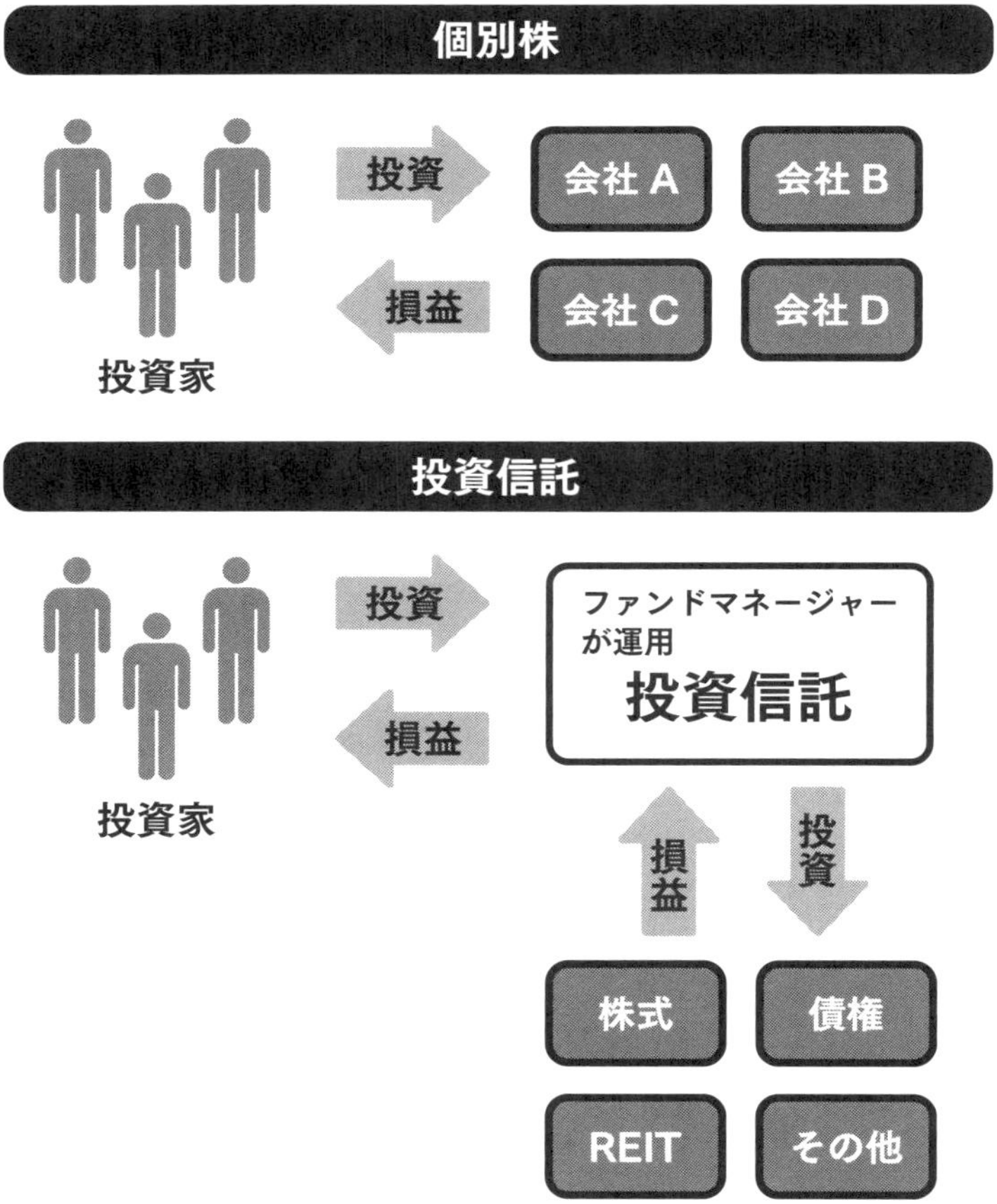

米国株に投資するには3つの方法があって、**「投資信託」「ＥＴＦ（上場投資信託）」「個別株」**があるんだ。僕は個別株を一切やっていないので、詳しい説明は割愛させてもらうけれど、「個別株」は投資家自身が直接自分でどの会社に投資をするか銘柄を決めるもの。一方、「投資信託」と「ＥＴＦ」は、どちらも「ファンドマネージャーが個人投資家から集めたお金をひとつにまとめて、それを元に投資・運用してくれる金融商品」。つまりどちらも投資信託なんだよね。

そんな同じ仕組みの**両者を見分けるポイントは、取引所に上場しているか、上場していないかということ。投資信託は非上場**で、**ＥＴＦ（Exchange-Traded Fund）は**取引所で取引をされているファンドという言葉の通り、**取引所に上場している**投資信託なんだ。

でも、ここまで相違がない商品で、どっちが自分に向いている商品か悩む人もいるよね。**投資信託とＥＴＦのどちらを選ぶか悩んだ時は、「手数料」と**

「取引の手軽さ」を考えるといい。

●コストの比較

①購入時の手数料（販売手数料）

いずれの場合も購入時に証券会社や銀行などに支払う手数料が発生する。でも、投資信託の場合は、「ノーロード」と呼ばれる手数料ゼロの商品が多い一方、ＥＴＦは上場しているから、株を売買するのと同じように購入時に手数料がかかるんだ。

②信託報酬

投資信託を購入すると、売却しないかぎり、運用会社などに対して「信託報酬《しんたくほうしゅう》」という手数料を支払い続ける必要があるんだ。その割合は販売会社や商品によって異なっていて、資産に対して年率で計算される。ちなみにアクティブファンドは投資のプロが運用をしてくれている分、インデックスファンドに比べて割高に設定されているよ（アクティブファンドとインデックスファンドの説明はP76）。

③売却手数料

売却（解約）してお金にする際にかかる手数料で、販売会社や商品ごとに何割払うかは異なる。ちなみにETFでは株式の売買と同じく手数料がかかるけれど、近頃は売却手数料がかからないものも増えてきている。

④その他のコスト

ETFは直接海外のファンドを購入するので、例えば米国株のETFの場合は、米ドルでしか購入できない。そのため、為替の手数料がかかる。

●取引の手軽さ

①購入

投資信託は証券会社や銀行、それに郵便局でも購入することができる。でも、窓口ごとに取り扱っている投資信託の商品が違うので、自分が欲しい商品がその窓口にあるか確認する必要がある。

一方、**ETFは証券口座があればどこの証券会社でも買うことができるんだ。**店頭証券会社とネット証券のどちらでも購入できるけれども、**僕は絶対にネット証券会社をおすすめする。これは圧倒的に手数料が安いから。**後述するけど、少しの手数料の違いが後々大きな損につながるんだ。だから投資をするつもりなら、まずはネットの証券会社経由で購入しよう。

②取引

投資信託は1日ごとに決められた基準価額で1回しか取引できない。だから、いくらで自分が売買したかは、注文の翌営業日に公表される基準価額で知ることになるので、購入から価格決定までにタイムラグがある。

ETFは株式投資のようにリアルタイムで価格が変動する。これはETFが上場していて、証券会社で取引されているからなんだ。だからその時の価格を見ながら1日に何回でも取引はできる。それに、個別株のように指値・成行注文が可能だ。

IMPORTANCE OF ASSET FORMATION
SAVING METHOD
INVESTMENT METHOD
REASONS OF ASSET FORMATION

一般的な投資信託と ETF の違い

		投資信託	ETF
コスト	購入時	あり	あり
	保有期間中	あり （信託報酬が高め）	あり （信託報酬が安め）
	売却時	あり	あり
	購入金額	安い	高い
取引	購入場所	銀行・郵便局・ 証券会社など	証券会社
	上場・非上場	非上場	上場
	売買のタイミング	1日1回 基準価額で	証券取引所の取引時間中 はいつでも市場価格で
	注文方法	基準価額	指値・成行注文
	分配金の自動再投資	可能	不可

※証券会社によって、それぞれのコスト、再投資の有無などの設定は違います。

投資信託の場合は保有している限り「信託報酬」の手数料がかかる。
下の図で見てもわかるように、

手元に残る利益＝125万－100万－手数料なので、
手数料を低くするのが大事！

購入時
投資額100万円

保有時

売却時
投資額100万円
25万値上がり

「インデックスファンド」と「アクティブファンド」はどっちがいいの?

なお、投資信託には、株価指数などの一定の数字を上回るパフォーマンスを目指すよう設計された「アクティブファンド」、指数に連動する値動きを目指す「インデックスファンド」のふたつがある。

簡単に言うと**アクティブファンドは投資のプロが調査をして投資する銘柄を選んで運用してくれるもの。**

インデックスファンドは株価指数などの指標に連動した運用を目指すもの。

指標は「日経平均」や「NYダウ」、それに最近株に興味のある人は耳にしたことがあるかもしれない「S&P500」のような株式指数が使われる。こういった基準になっている市場のことを「ベンチマーク」っていうんだ。インデックスファンドはベンチマークと同じ値動きにするため、指標にしている株式指数とだいたい同じ銘柄を同じ比率で組み込んで運用している。アクティブファンドもインデックスファンドも、複数の株に投資先が分散されている、パッケージ商品みたいな感じとイメージすればいいと思う。

ただ、アクティブファンドはプロのファンドマネージャーが運用をしてくれるから手数料が高めで、かつ、ファンドマネージャーの手腕にパフォーマンスが左右されてしまうんだ。でも、インデックスファンドは「パッシブ（受け身）ファンド」とも言われるように、市場価値に連動させる運用だから、銘柄調査・分析の手間がかからない分、手数料が安くて、効率的に

インデックスファンドとアクティブファンド

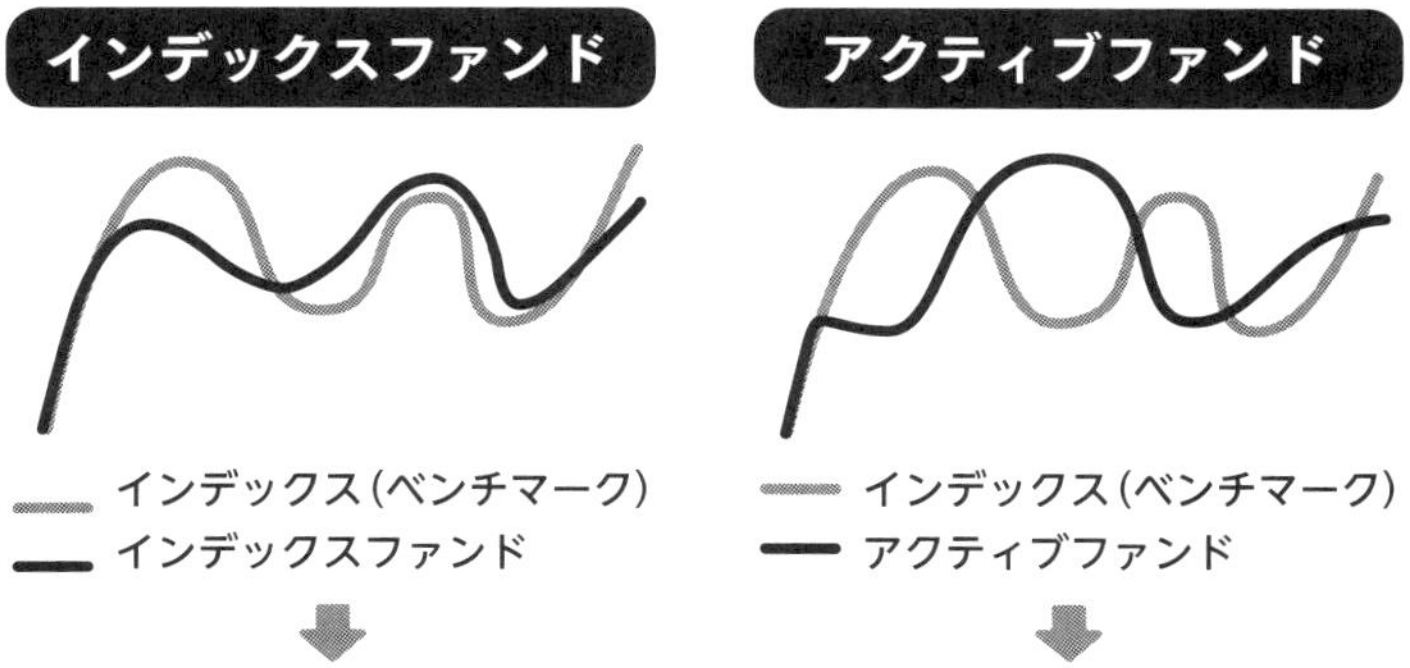

株価指数などのベンチマークに**連動する**ような運用成果を目指すもの

株価指数などのベンチマークを**上回る**運用成果を目指すもの

市場平均のリターンが取りやすいんだ。

インデックスファンドは、ある意味ベンチマークと運命共同体みたいなところがあるから、「成長性のある株価指数に連動している」ことが大切で、僕はアメリカの経済には将来性があると考えているから、「コストが抑えられて」「リスクも少なめ」な「米国株の株価指数に連動」しているインデックスファンドを選んでいます。

投資信託のリスクヘッジ方法

でも、だからといって投資信託にリスクがないわけではない。

投資の世界には「卵をひとつのカゴに入れるな」という有名な言葉があるんだ。例えば卵をひとつのカゴにすべて入れていたら、万が一カゴを落としたらすべての卵が割れてしまう。でも、卵を複数のカゴに入れておけば、ひとつのカゴを落としてもほかの卵は無事だよね。これと同じで投資もリスクを避けるために「分散」＝「リスクヘッジ」をすることが大事なんだ。そのリスクに備えるのが「資産の分散」と「時間の分散」という考え方だ。

①「資産の分散」

資産の分散は簡単にいえば投資する対象を分散させること。例えば君が投資に使える100万円を持っているとして、個別株でひとつの企業に全額投資をしたとしよう。でもその株が社会的な背景で業績不振に陥ったり、不祥事を起こしたりしたら、株価は半値になることもあるんだ。そうなると君の資産も半額の50万になってしまう。こういったリスクを避けるためにも投資先は分散させることが大事なんだ。

でも前述したように、投資信託はそもそも株式や債券などに分散投資をしているパッケージ商品のようなものだから、**投資信託を選んでいる時点で資産は分散できている**ということ。個別株で読めないリスクに賭けるより、初めから投資信託を選んでいればリスクも圧倒的に少ないんだ。

②「時間の分散」

先ほどの投資に使える100万円をいきなり全額投資するというのも、実は得策ではないんだ。なぜなら投資信託の運用成績は毎日変わるから、全額を購入した翌月には価格が下がっていることも考えられる。

でも、例えばその100万円を5ヶ月に分けて20万ずつ買ったとしたらどうだろう。最初の月に20万で購入したものが翌月半値になって10万になったとしても、一気に100万購入した時より損失は少なく済んでいる。しかも残っている80万で同じ投資商品を安く買い増すことがで

資産分散と時間分散

資産分散

値動きの異なる銘柄に資産を分けて投資をすること。
株式や債権など複数の銘柄に資産を分散して投資をすれば
ひとつが大幅に下落しても、他の銘柄でカバーできる。

時間分散

定額を時期を分けて購入することで、
購入価格を平均化し、価格変動のリスクが分散できる。
これをドルコスト平均法という。

きる。これを**「ドルコスト平均法」といって、簡単にいえば一定額を決めて定期的に投資していく方法のことなんだ。**

もうひとつこの**ドルコスト平均法の良い点は値動きをチェックしなくていいこと。**

特に投資の初心者にとって気になるのが「今、購入するのが安いのか、もしくはもう少し待った方が安くなるのか？」などという購入のタイミングだと思う。でも、ドルコスト平均法なら定額を購入するだけだから、値段のことは一切考えなくていい。そもそも投資のプロだって株価が安いか高いか見分けることは難しいんだ。だったらドルコスト平均法でとにかく定期的に購入すればいい。ちなみに証券会社には定期的に決まった金額を自動引き落としで購入するサービスもあるので、忙しい人にはぴったりだ。

投資信託とETFについて、またそのリスクヘッジについてもわかってもらえたかな？　ここまで説明してみんなが気になるのはドルコスト平均法で投資をすればいいのはわかったけれど、投資信託とETFのどっちをやればいいの？」ということだよね。

僕自身は「米国ETF」を購入して運用しています。その理由は「とにかく手数料が安いから」。僕が投資をしている米国ETFは手数料が大体0・03%くらい。でも、日本の証券会社が扱っている僕が投資をしている商品と同じような投資信託だと手数料は約0・16%かかってしまう。**長期間投資をするほど、保有にかかる手数料が高いと利益の差が大きくなってくるんだ。だからとにかく手数料は安いに越したことはない。**

とはいえ、いきなり海外ETFをやるのは、初心者にはハードルが高いはず。海外ETFを購入するには通貨を日本円から米ドルに両替する必要があったり、配当金の再投資を自分でやらなくちゃいけなかったり、税金の問題などあるから、初心者には投資信託の方が簡単かもね。

どちらにしても、今より少しでも資産を増やしたいと思うなら、コツコツとインデックスファンドに積み立てを始めよう。

ドルコスト平均法

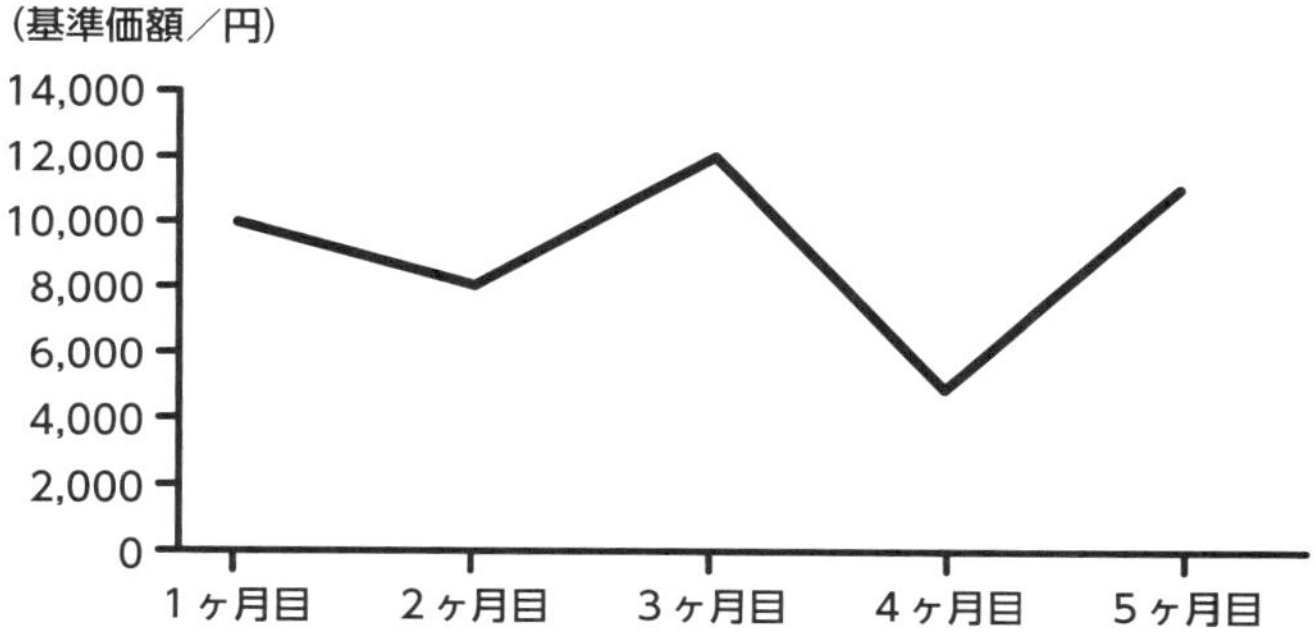

ドルコスト平均法で買うとどれだけお得か？

ドルコスト平均法での購入

	1ヶ月目	2ヶ月目	3ヶ月目	4ヶ月目	5ヶ月目	合計
投資数量	20万口	25万口	16万6666口	40万口	18万1818口	119万8484口
投資金額	20万	20万	20万	20万	20万	100万

平均
約23万口
20万円

安い時に多く買える！（2ヶ月目）
高い時は少しだけ買える！（3ヶ月目）

一番お得！

定量購入

	1ヶ月目	2ヶ月目	3ヶ月目	4ヶ月目	5ヶ月目	合計
投資数量	20万口	20万口	20万口	20万口	20万口	100万
投資金額	20万	16万	24万	10万	22万	92万

平均
20万口
18万4,000円

一括購入

	1ヶ月目	2ヶ月目	3ヶ月目	4ヶ月目	5ヶ月目	合計
投資数量	100万口					100万口
投資金額	100万					100万

平均
20万口
20万円

お金を増やす方法 2

3ヶ月暮らせる現金は絶対残して、生活費を除いた収入はすべて投資に回す

危機が起きても積み立てたファンドを取り崩さないような準備を

インデックスファンドにドルコスト平均法で長期間積み立てることが資産を増やす近道だとわかってもらえたかもしれないが、では、一体いくら投資すればいいのだろうというのが次の疑問だろう。

僕は**「3ヶ月は仕事がなくても暮らせる現金は必ず手元に置いておき、それ以外のお金はすべて投資に回す」**べきだと思う。今回の新型コロナウイルスの影響で仕事を失った人もいるかもしれないけれど、そういう危機はどんな人にもまた訪れる可能性がある。万が一、仕事がなくなっても3ヶ月暮らせるお金があれば、これまでと変わらない生活を送りながら、次の仕事を探すことができるし、しかも投資したものを現金化しないで済むはずだ。

新型コロナウイルスの影響で仕事を失った人が、数ヶ月暮らせる分の現金を持っていなかったために、半額にまで暴落したインデックスファンドを売って、生活費に回した人もいると聞いたけれど、こんなにもったいないことはないよ！　だって、コロナショックで株価は暴落したけれど、結局3ヶ月後には徐々に元の値段に戻りつつあったんだから。現金がなくて、〝たった3ヶ月〟が待てなかったために、これまで積み立てた投資額の半値で売り払わなくちゃいけないなんて！　ありえないよ！

実はこれ、リーマン・ショックの時も同じことが起きているんだよね。リーマン・ショックの時は新型コロナの時より時間がかかったけれど、それでも約5年で株価は回復したんだ。実際、僕の父はリーマン・ショックの時にアメリカの株価が急激に後退したことに焦りを感じて株を売ってしまい、資産を減らしてしまった。この話を聞いた経験があるからこそ、僕は今回のコロナでもいつかは間違いなく回復するだろうと思って、決して売却はしなかった。

とはいえ、あの時は毎朝資産を確認するたびに、マンションの1部屋分のお金がどんどん減っていくような状況で、精神的にきつかったのは確かだけどね。でも、長期保有という視点で考えれば、とにかく下がっても数年待っていれば回復するんだ。だから長期保有をすることでリスクを減らして利回りを安定させるためには、売却はしない。そして、売却しないためには暴落が起きても売らずに済むように3ヶ月は暮らせる緊急用の現金は残しておこう。その代わり、残りはすべて投資に回す！

一時期は収入のうち9割を投資に回した時期もあって、それが僕の投資スタイルのように思われているところもあるんだけど、それはその時たまたま収入から生活費を除いた金額が、収入の9割近くだったというだけ。

「収入の○割を投資に使おう」という考え方は僕は違うと思う。割合で考えてしまうと、収入がそれほど多くない人は生活を切り詰めて苦しい思いをしなくてはいけなくなるし、一方で収入が増えた時には割合で考えると生活費のお金が増えてしまい生活レベルを上げてしまう。そうではなくて、あくまでも生活レベル（生活にかかる支出）は変えず、**「月末に3ヶ月暮らしていける生活費を現金で残し、それ以外の収入を投資に回そう」**というのが正しい僕の投資スタイル。

ここで大切になってくるのが、僕が前章で伝えた「支出の見直し」ということとなんだ。手にしているものが本当に自分にとって必要なものか、価値があるものかを判断して物を購入して生活を送れば、ムダ遣いは少なくなって、自ずと支出も減り、投資に回せるお金も増えていくはずだ。投資できる元手のお金を増やしつつ、定期的にコツコツと投資をすれば、その分リターンも大きくなり、経済的自由を手にするのも早まってくる。これこそ「複利＋積立」のパワーだ。

最初にいくら投資をすればいい？

じゃあ、実際に投資を始めようとした時、最初の投資額をいくらにするか決めるのも初心者には悩ましいポイントだろう。最初の投資額をいくらにするかは、ある程度まとまったお金がある人と、少額しかない人ではスタート方法が違う。

もし**まとまった額を投資できるのであれば、一度に全額投資をせずに、先に話したようにドルコスト平均法で毎月定額を投資**する方がリスクを減らすことができていいだろう。Ｐ81で書いた「自動引き落とし」の設定にしておけば楽チンだ。

一方で、もし**手元にあるお金に余裕がない人はどうしたらいいのだろう。そういう人はまず「手数料が購入額の1％未満になるまでお金を貯めてから投資をスタート」して欲しい。**

例えばすべての手数料を足して1000円になるのであれば、まず10万円を貯めてから投資を始めよう。手数料が1000円かかるのに、1万円で投資を始めてしまうと、手数料分を取り戻すのに時間がかかってしまうんだ。

そしてもうひとつ、投資金額が少ない人に注意して欲しいのが、毎月入金をしなくてはいけないという思い込みを捨てること。ドルコスト平均法がおすすめ、というと、どうしても**「毎月入金」**をしなくてはいけないというイメージが先行してしまうようで、手数料が購入額の1％以上なのに無理に入金してしまう人もいるんだ。でも大切なのは**「途切れずに入金はするけれど、あくまでも手数料が1％未満になる金額になってから」**ということを忘れずに。

お金を増やす方法 3

投資先は米国株がおすすめ！

3ヶ月の生活費を残して、それ以外はインデックスファンドにコツコツとドルコスト平均法で投資をすることが僕の資産運用スタイルということがわかっていただけたところで、じゃあ、一体どんな商品に投資をすればいいのか、ということが気になるよね。

僕は米国株に投資をすることをおすすめします。初心者のみなさんが取り組みやすく、かつ僕が投資をしているのとほぼ同じ銘柄は「楽天・全米株式インデックス・ファンド（通称：楽天・VTI）」という投資信託だ。

僕はアメリカのバンガード社という証券会社が提供している「バンガード・トータル・ストック・マーケットETF（通称：VTI）」というETFに投資をしていて、これは「CRSP USトータル・マーケット・インデックス」という株価指数に連動している。ちなみにCRSPは、Center for Research in Security Prices（シカゴ大学証券価格調査センター）の略で、全米株式市場の大型株から小型株まで約4000銘柄を時価総額で加重平均（規模が大きい会社ほど比重を高くする）した指数のこと。ニュースでよく聞く「ニューヨーク・ダウ（ダウ平均株価）」とかと同じものだね。

このＶＴＩはアメリカの約４０００以上の企業に広く分散投資をしていて、ちなみに構成銘柄の中で組入比率が高い銘柄はアップル、その次はマイクロソフト、そしてＧｏｏｇｌｅなどを運営するアルファベット社になっている。アメリカの市場に上場している株式の99％以上をカバーしているので、ここに投資をするということは、**アメリカの市場のほぼ全体に分散投資をしているのと同じことなんだ。**

ただ、ＶＴＩはドルでしか買うことができないんだ。自力で円をドルに両替する手間があることや、自動購入ができない、また、分配金を再投資に自動で回せないとかいろいろ面倒なことを考えると投資信託の楽天・全米株式インデックス・ファンドはおすすめ。とはいえ、僕が一番気にしている手数料という視点で考えると、本家ＶＴＩは信託報酬が０・０３％なのに対して、楽天・ＶＴＩは約０・１６２％かかる。長期投資で考えるとこの差は大きい。でも、初めて投資をする人には楽天・ＶＴＩは良い商品だと思うよ。

楽天・全米株式インデックス・ファンド導入の流れ

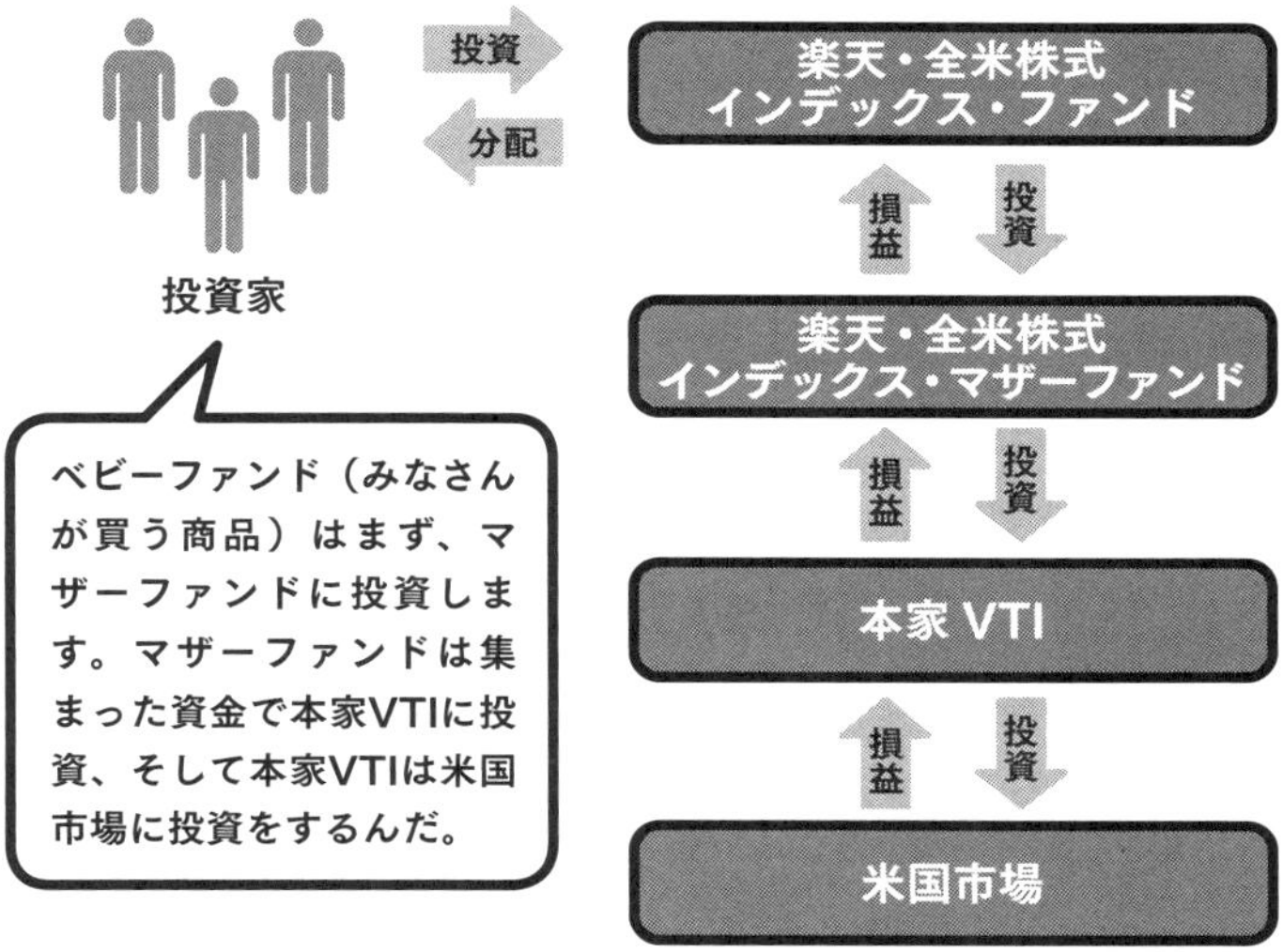

ETF を直接買う場合と、投資信託を通じて買う場合の違い

	楽天・VTI（投資信託）	VTI（ETF）
取引単位	100円以上１円単位	１口単位（約15,000円）
取引	1日1回の基準価額	取引時間中に市場価格
取引通貨	円	米ドル
信託報酬	約0.162%	0.03%
分配金の再投資	自動で再投資可能	自力で再投資手続き
NISA（つみたて投資枠）	対象	対象外

ここまでＶＴＩを推しているにもかかわらず、**実は３年前まではＳ＆Ｐ５００に連動するインデックスファンドに投資をしていたんだ。**Ｓ＆Ｐ５００というのはさっき説明をしたＣＲＳＰ ＵＳトータル・マーケット・インデックスと同様アメリカの株価指数のひとつで、ニューヨーク証券取引所やＮＡＳＤＡＱに上場している企業の中から主要な５００銘柄を時価総額で指数化したもの。

アメリカの株式市場の全体の動きを表す指標として活用されているんだ。 構成銘柄のトップ10の表を見てもわかるように、マイクロソフトやアップル、メタ・プラットフォームズといった誰もが知っている大企業が銘柄に含まれている。

Ｓ＆Ｐ５００は米国株式の約80％をカバーしている指数だから、**Ｓ＆Ｐ５００に連動するインデックスファンドに投資をするということは、アメリカの超優良企業トップ５００社に投資をするようなもの**と考えられる。だから、アメリカの経済が成長し続ける限りは、安定したリターンが望めると考えることができるんだ。僕は投資を始めてからずっとこのＳ＆Ｐ５００に連動するインデックスファンドに投資をしてきた。

そんな**Ｓ＆Ｐ５００からＶＴＩに変更したのは、ＶＴＩがカバーしている銘**

S&P500の構成銘柄（上位10位）

順位	銘柄名	組入比率
1	マイクロソフト	7.16%
2	アップル	6.16%
3	エヌビディア	4.55%
4	アマゾン・ドット・コム	3.74%
5	メタ・プラットフォームズ	2.53%
6	アルファベット	1.91%
7	バークシャー・ハサウェイ	1.74%
8	アルファベット クラスC	1.62%
9	イーライリリー	1.40%
10	ブロードコム	1.33%

2024年4月12日調べ

GAFAMなどを中心としたアメリカの主要企業500社の銘柄が入っている。しかもS&P500の指数は過去30年で約12倍にもなっているんだ！　いかにアメリカの経済が強く成長しているかわかるよね！

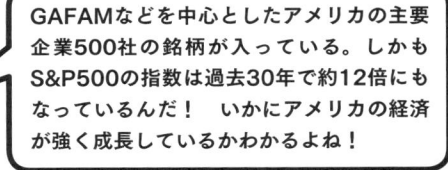

柄には中小企業も含まれているからなんだ。ＶＴＩはさっきも説明したように全米の投資市場に上場している４０００社以上をひとつのパッケージにした商品。だからＳ＆Ｐ５００に含まれている５００社が組入銘柄に入っているのはもちろん、中小型の銘柄も含まれているんだ。

中小企業のいいところは将来的にものすごく成長するチャンスがあるということ。僕はアメリカで起業をしたり、そういった起業をする人に投資をしている人たちと話す機会があるのだけれど、そのたびにアメリカは日本以上に投資に対してスピーディーに、かつ、大きな額を投資するという印象を受けている。これはつまり、小さな企業が大きなバックアップを受けて飛躍的に成長するチャンスがアメリカのビジネスの土壌にはあるということなんだよね。**組入企業が多いからリスクの「分散」にもなるし、「成長性がある」という理由から、僕は「ＶＴＩ」に変更したんだ。**

じゃあ、Ｓ＆Ｐ５００からＶＴＩに変更したからといって、これまでＳ＆Ｐ５００で積み立てた資産をすべて解約してＶＴＩに乗り換えたかというと、そ

VTIの組入銘柄（上位10位）

順位	銘柄名	組入比率
1	マイクロソフト	6.22%
2	アップル	5.40%
3	エヌビディア	3.76%
4	アマゾン・ドット・コム	3.33%
5	メタ・プラットフォームズ	2.20%
6	アルファベット	1.66%
7	バークシャー・ハサウェイ	1.47%
8	アルファベット クラスC	1.38%
9	イーライリリー	1.30%
10	ブロードコム	1.17%

2024年4月12日調べ

S&P500と上位10銘柄は変わらないのがわかるよね。ただ、カバーしている銘柄数が4,000以上あるから、未来のアップルがその中から生まれて、大きなリターンを生み出してくれるかもしれないんだ。

れはしていません。

なぜかというと、解約をすることで、多大な税金や手数料を取られるから(ちなみに日本の場合は投資を行って利益を得た場合には、所得税や住民税などを合わせた20・315%の税金がかかります)。

だから僕はこれまで投資していたS&P500はそのまま放置していて、積み立てする先をVTIに替えただけです。もし読者の中ですでにほかの投資信託に積み立てていて、VTIに替えようと考えている人は、売却する前に一度、手数料や税金を合わせて、利益を計算してみよう。コストを引いたら思ったほど利益が出ていない可能性もあるので要注意だ。

米国株一択で本当にいいのか？

これまで、僕の経験と考えから、強い市場を持つ米国全体に投資ができる米国株のインデックスファンドのVTIを強く推してきたけれど、これが最適だと思うのはあくまでも僕の考え。インデックスファンドの商品は多数あるので、実はVTIに似たような商品もたくさんあるんだ。

例えば**「バンガード・トータル・ワールド・ストックETF（VT）」は、**ほぼほぼVTIと構成銘柄が一緒なんだけれど、全世界を対象に投資をしているから、中国のテンセントなんかにも投資しているんだよね。VTIは自信を持っておすすめをするけれど、違う成長が期待できる銘柄が入っている商品を自分自身で探してみるのもいいと思う。

最近のニュースで頻繁に耳にするSDGs関連のファンドなんかもおもしろいかもしれないね。SDGsと密接な関係にある「ESG投資」は環境（Environment）、社会（Social）、企業統治（Governance）の頭文字をとってできた言葉で、投資の世界でも投資先の企業の財政状況面だけを見るのではなくて、SDGsに関連する環境（自然環境や環境汚染への配慮）、社会（女性の活躍や適正な労働環境）、企業統治（情報開示など）面で評価の高い企業が注目されているんだ。

SDGsの重要性が謳われている今、ESGに対して配慮のない企業は、今後の社会で事業継続のリスクが高いと考えられるんだよね。ＥＳＧ投資信託はそうした企業をあらかじめ排除した商品なんだ。特にコロナ以降は注目が集まっているから、証券会社のホームページなんかでも特集が組まれていたりするので興味が湧いた人は調べてみてもいいかもね。

ただ、こういった注目されているテーマをもとにした商品（テーマ型ファンド）は人気を呼びやすいんだ。ひとつのテーマに絞っていることでリスクが分散されにくいことも、念頭に置いた方がいいかもね。

投資の第一の目的は資産を増やすこと。でも、いかに資産を増やすかということにおいては自分の考えが大事になってくる。僕は自分で情報を集めて調べた上で、今後も右肩上がりが続くであろうと判断して「米国株」への投資を選択した。でも、投資は企業を応援するという側面もあるんだ。だから、もし君が「途上国を応援したい」ということであれば新興国ファンドを調べてもいいし、環境や社会に貢献したいと考えるならＥＳＧ投資をしてみるのもいいと思う。

ESG市場は急速に成長をしている

地域別ESG資産保有残高

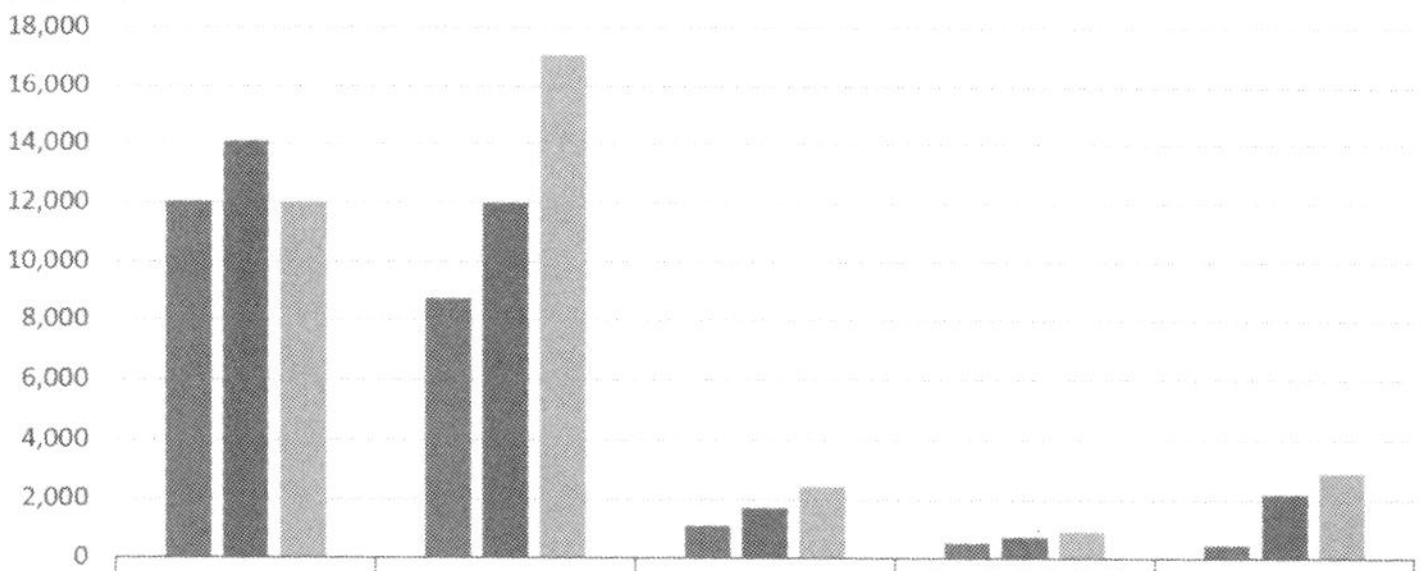

	ヨーロッパ	アメリカ	カナダ	オーストラリア ニュージーランド	日本
2016年	12,040	8,723	1,086	516	474
2018年	14,075	11,995	1,699	734	2,180
2020年	12,017	17,081	2,423	906	2,874

出典：Global Sustainable Investment Review 2020 | GSIA、
ファイナンス　ESG投資の動向と課題｜財務省

もともと高い水準で資産を保有しているヨーロッパを除く世界各国ではESGに対する期待が非常に高まっていることがわかる。また、日本も2016年から2018年の間での増加は著しく、ESGを考慮した運用への期待が高いことが読み取れる。

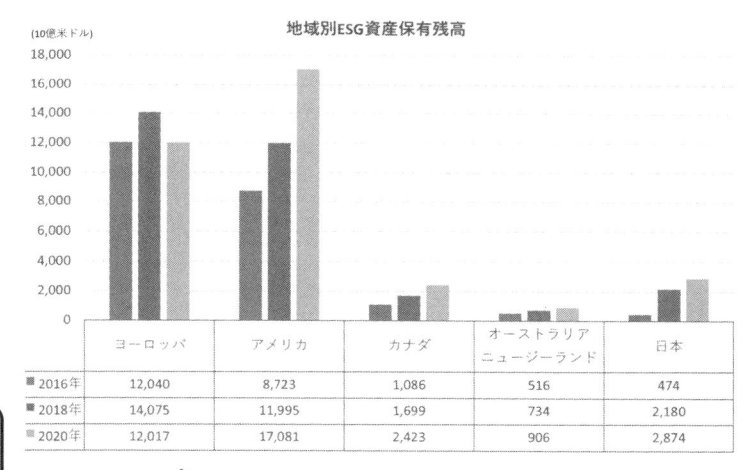

お金を増やす方法 4

米国株を推しにするには訳がある

身の回りにある米国企業の商品と欲望が米国株の強さの理由

僕がアメリカ株のETFであるVTI推しで投資をしていることがわかってもらえたと思うけど、どうしてそこまで自信を持ってアメリカの株を選んでいるのだろうと疑問に思う人もいるだろう。そんな人は自分の身の回りを眺めて欲しい。君のパソコンのOSはマイクロソフトの製品で、手にしている携帯はアップルのiPhone、その携帯を使ってGoogleで検索をして、Facebookが買収したInstagramをいつも見ていない？　**君たちが日常的に使っているものはアメリカの大きな企業のものばかりなんだ。単純な話だけれど、これだけでも、アメリカの企業の強さを感じてもらえるんじゃないかな？**

それにアメリカはトランプ政権時に法人に対する大幅な減税が行われたこともあって、企業が随分優遇されたんだよね（現在、バイデン大統領は法人や富裕層への増税強化を表明)。そういった企業が成長できるバックグラウンドがあることも将来性を感じさせる要因のひとつ。

あと、アメリカのトップ企業の経営者たちは自社の株価を上げることをとても重要視している。これは僕がアメリカの株を推す重要なポイント。

よくニュースでアメリカの大企業のCEO(最高経営責任者)の報酬額を聞いて驚くことがない? アップルのCEOのティム・クックは2020年の報酬が約290億だって! ちなみにテスラのイーロン・マスクは約7226億だって!! 「アメリカって偉くなればお金がたくさんもらえるんだ〜」っていうのは決して間違っていなくて、アメリカのCEOの報酬は株価と連動していることが多い。時価総額が大きな企業は、経営を任せるために高額の報酬を優秀なCEOに払って彼らを雇い、期待通りに株価が上がったらそれに準じてCEOの報酬もさらに高くなる。株価の上昇が彼らの収入にも比例するんだよね。

つまり**株価上昇に貢献できるビジネスマンが企業のトップにいるのが、アメ**

リカの企業なんだ。それに経営者自身も大株主だからこそ、株価を上げるのに必死になる。そう考えればアメリカの企業の株は今後もずっと上がっていくと思えないだろうか？

一方、日本の企業は株価とCEOの収入が見合わないことも多いんじゃないかな？　世界に誇る日本のトヨタだって、社長の報酬は約4億。世界と比較すれば非常に少ないのに、それでも「企業のトップがそんなにお金をもらうなんて！」っていう批判の声は日本では起きがちだよね。日産の旧社長のゴーン氏の時もその声は大きかった。でも、報酬をもらうことでさらに株価を上げてくれる経営者がいるということが明確にわかっていると、彼らの高い報酬も納得できるし、投資する側として、そういう経営者がいることはある意味安心材料だよね。経営者たちの欲望に直結していない日本企業の株は判断しにくいところがあるというのが、僕としてはリスク要素に思えてしまうんだ。

それにしたってアメリカは欲望の塊だよね（笑）。でも、この貪欲さがアメリカンドリームの基本だと思うし、これがベースにある限りはアメリカは成長していくと思う。

過去を見てわかるアメリカの暴落時の強さ

僕はデータを調べたり比較したりするのがすごく好きなんだ。暇さえあればエクセルをいじっているくらい。これは僕の技術者としての性《さが》だと思うけれど、投資の上では功を奏している。アメリカの株を信頼できるもうひとつの理由も、過去のデータを調べて納得したからなんだ。

アメリカの株式市場の全体的な値動きがわかる1974年から2024年までのS&P500のチャートを見てみよう。ブラックマンデー、同時多発テロ、リーマン・ショックと過去何度か大きな暴落があったのがわかるだろう。それでも**アメリカ市場は復活をして、現在でも右肩上がりの成長を続けている**んだ。

S&P500の推移（1974～2024年）

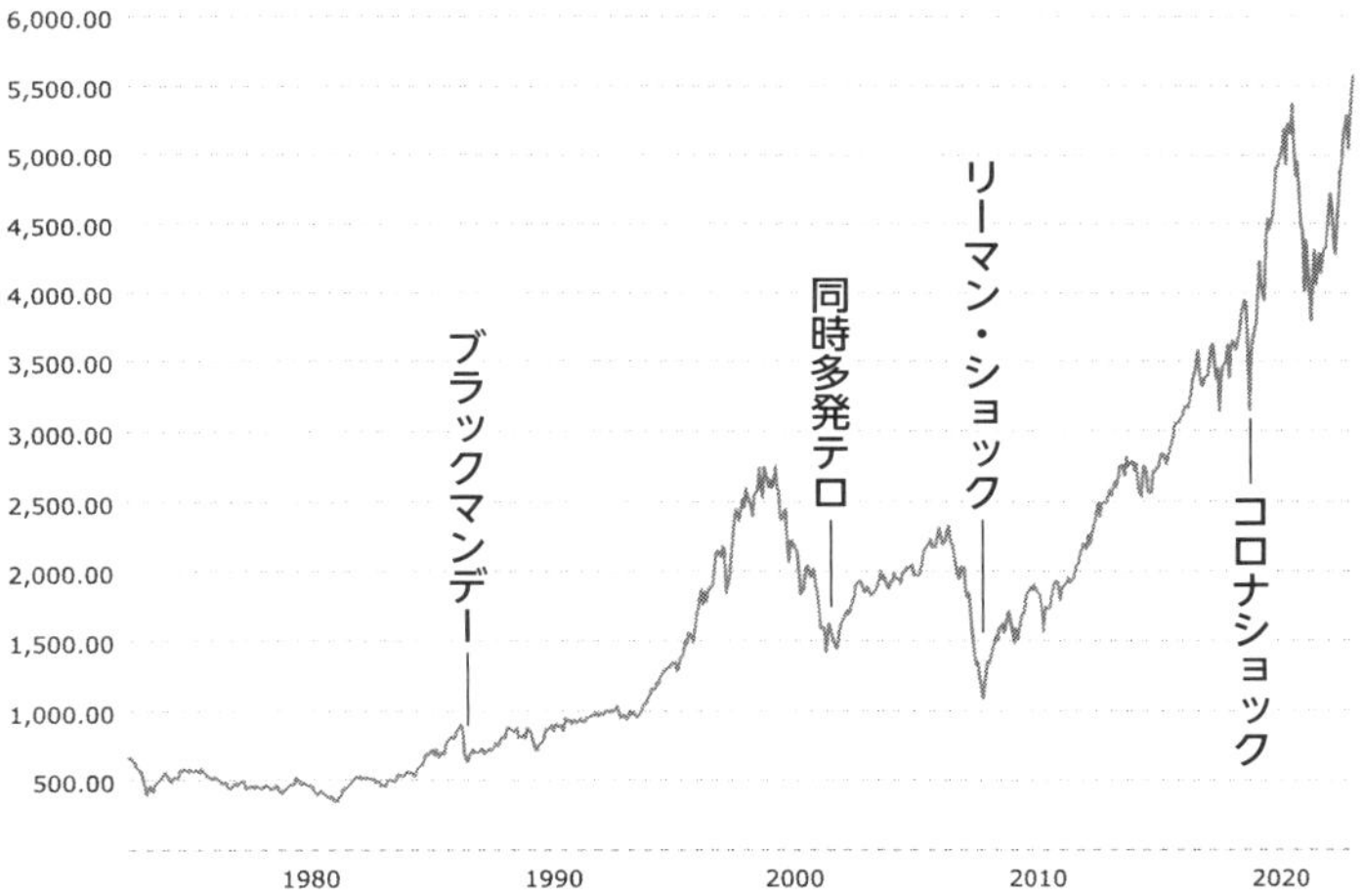

大きな暴落がありながらも、アメリカは右肩上がりの成長を続けている。長期間投資をするスタイルであれば、リターンの可能性は高い。

アメリカ株の一番悲惨な暴落は１９２９年に起きた世界恐慌で、ウォール街で起きた大暴落を発端に、世界にまで影響を及ぼした。この時、株価は最高値と比較して、なんと89％も下落。つまり株価が約10分の１まで下がったんだ。この時は暴落前の株価に戻るまで25年もかかったけれど、それでもなんとか回復して、そこから成長を遂げている。

その後も１９８７年にはブラックマンデーで株価が下落したけれど、約２年後には回復。２０００年にはＩＴバブル崩壊、２００８年のリーマン・ショックと続いたけれど、世界恐慌に続いて大幅な下落率（51・３％）を記録したリーマン・ショックだって約５年で株価水準を取り戻したんだ。

最近の話でいえば、やっぱりコロナショックだよね。でもこの時も５ヶ月後には以前の株価水準に戻っている。今もコロナ危機から着実に回復を遂げていて、２０２１年４月から６月のＧＤＰはコロナ前の水準を上回ったという報告もあるくらいだ。

短い期間を目処に投資を行うと、購入したタイミングによってはリターンが厳しいこともある。でも、暴落があったとしても慌てずに、ドルコスト平均法でコツコツと長期間買い続けて、持ち続けていれば、大きな資産を生み出すことができるんだ。

米国株というよりも、グローバルな株

企業の成長を後押しする税制度、CEOたちの報酬制度、何度も起きた暴落からの復活などに加えて、GDPがずっと右肩上がりなど、アメリカの市場の成長・将来性を感じることができる要因はいくつもある。でも、だからといってアメリカの市場がこれからも必ず成長し続けるとは約束ができない。それが投資だ。それでも僕がVTIをすすめるのは、アメリカの市場全体をカバーする投資法なら極力リスクが少なく利益を得ることができると思うからだ。

それに加えてもうふたつVTIを推す理由がある。

まず**ひとつ目は構成銘柄がグローバルで活躍している企業がほとんどだから。**

VTIは先にも伝えたようにアメリカ限定で投資をしているから、アップルやマイクロソフトといったアメリカのパワフルな銘柄に集中的に投資できることが魅力だと伝えたよね。でも、もしアメリカがなにかのきっかけでまた暴落をしたらどうだろう。アメリカに集中した株だからこそ、株価が大幅に下がるリスクが高くなることも考えられる。

しかし、これらの大企業はアメリカ市場だけでビジネスをしているわけじゃないんだよね。そもそもVTIの組入銘柄のトップはグローバル企業だから、アメリカ株ではあるけれど、全世界で成功をしている会社に投資をしていると考えてもあながち間違いではないと思う。世界を舞台にビジネス展開をしている企業だからこそ、アメリカ市場だけの影響を受けるということは少ないと僕は考えている。

そしてもうひとつ、**組入銘柄が替わることも大事だ。**

アメリカでは収益を上げられない企業は、アメリカの市場を測る上で大切な米国株の代表的指標のダウ平均やＳ＆Ｐ５００の構成銘柄から容赦なく退場させられる。つまり、**常に成績のいい企業しか構成銘柄には残ることができないんだ。**そしてＶＴＩが連動している指標ＣＲＳＰ米国総合指数の上位銘柄はＳ＆Ｐ５００とほぼ変わらない。

ということは、もし、Ｓ＆Ｐ５００の上位銘柄に入っている企業が収益を上げられず撤退をしたらＶＴＩの組入銘柄からも撤退をすることになり、代わりに成長著しい元気な会社が入ってくるんだ。

ＶＴＩのような**アメリカの指標をベースにしたインデックスファンドに投資をしておけば、今、一番業績の良い会社に投資ができている**ということになるんだ。

中国よりアメリカの市場は強いのか？

確かに最近は中国企業の成長も気になるところだよね。中国はＧＤＰもアメリカに迫る勢いで伸びているし、人口も多い。アリババ集団やテンセントなど、ニュースで名前を聞く機会も増えて、中国の企業はその存在感を一層強くしている。こんな状況を見ると「いつまでもアメリカが一番！」なんていっていられる状況ではないんじゃないの、と思う人も多いだろう。

そんな不安に駆られた人は、世界の時価総額ランキングを見て欲しい。トップ50（本書ではトップ25のみ掲載）のほとんどの企業はアメリカの企業なんだ。**時価総額が高いということは、それだけ投資家が企業を評価しているということだし、企業に対する成長の期待が高いということ**。このランキングを見ただけでも、まだまだアメリカがビジネスの世界で存在感があることがわかるよね。

しかも、24年2月にはアメリカの株式時価総額は51兆ドルを超えて、世界のシェアは約48・1％になった。数字から見ても、アメリカの一人勝ち状態が証明されていると僕は思っているよ。

企業の時価総額ランキング

順位	企業名	国
1	マイクロソフト	アメリカ
2	アップル	アメリカ
3	エヌビディア	アメリカ
4	アルファベット（クラスA/クラスC）	アメリカ
5	アマゾン・ドット・コム	アメリカ
6	サウジアラムコ	サウジアラビア
7	メタ・プラットフォームズ	アメリカ
8	バークシャー・ハサウェイ	アメリカ
9	イーライリリー	アメリカ
10	台湾積体電路制造	台湾
11	ブロードコム	アメリカ
12	ノボ・ノルディスク	デンマーク
13	テスラ	アメリカ
14	JPモルガン・チェース	アメリカ
15	ウォルマート	アメリカ
16	ビザ	アメリカ
17	ユナイテッドヘルス・グループ	アメリカ
18	騰訊控股	中国
19	エクソンモービル	アメリカ
20	マスターカード	アメリカ
21	ASML/ホールディング	オランダ
22	サムスン・エレクトロニクス	韓国
23	P&G	アメリカ
24	オラクル	アメリカ
25	LVMH　モエ・ヘネシー・ルイ・ヴィトン	フランス

2024年6月調べ

上位25社の内、18社がアメリカの企業という驚きの結果に。この結果を見るだけでアメリカ市場の強さが分かるよね。

お金を増やす方法 5

投資を始めたらやめない、売らない

投資の話をしていると「ジェイソンさん、積み立てている投資は最終的にいつ売るんですか?」とよく聞かれます。そんな時の僕の答えはただひとつ。

「絶対に売りません」だよ。


投資をしていると売却をしたり、解約をすることを考える必要もあるという説明が投資の本にはあると思う。いつ売るべきかと聞かれるのは価格が変動するので、より高い金額の時をどう見極めて売ればいいか、ということを判断する方法を教えて欲しいということだと思うのだけれど、**一番資産を増やすのは「とにかく売らないこと」。これに尽きる。**

「投資のゴール」という言葉もよく聞くけれど、そもそも投資のゴールってなんだろう? 僕は経済的に自立をしているけれど、だからといって投資をやめるつもりはない。ゴールはないんだ。死ぬまでずっと投資をする。とにかく長期で保有をしていれば複利の力で資産は増えていくからね。

でも、投資のゴールが「なにかを買いたい!」とか消費をするための人もいると思う。それは人それぞれだし否定はしないよ。それにどうしてもお金が必要になって切り崩すこともあると思う。僕もお金がどうしても必要になったら投資の一部を切り崩すつもり。でも、あくまでも一部分、そして頻繁に切り崩すつもりもありません。

というのも、**いくら上がり続けるインデックスファンドを買っていてもチョコチョコ切り崩していたら、その都度手数料や税金がかかり、十分なリターンを得ることができない**からなんだ。

これも投資の世界でよく言われる話なんだけど、イソップ童話の「金の卵を産むガチョウ」の話を知っているかな？　貧しい農夫がある日、自分の飼っていたガチョウが金の卵を産むことに気がついたんだ。ガチョウは1日1個だけ金の卵を産んで、農夫はそれを売ることでお金持ちになっていった。でも、ある日、農夫は「1日1個」というペースが遅いと感じるようになって、「きっとガチョウのお腹の中には大量の金の卵があるに違いない！」と思い込み、ガチョウのお腹を切ってしまった。もちろんガチョウのお腹の中には金の卵がたくさん詰まってはいなかったし、金の卵を産み続けてくれたガチョウも死んでしまったという話なんだよね。

この話はインデックスファンドを売却したいと考えた時に、ぜひ思い出して欲しい。**インデックスファンドは金の卵を産むガチョウと一緒なんだ。長期間保有していれば、お金をコツコツと生み出してくれて、最終的に僕たちを裕福にしてくれる。**でも、売却をしてしまうとガチョウはいなくなってしまうんだ。もう金の卵は手に入らなくなる。

こういったことにならないためにも、基本的に投資をしている商品は売らない方がいい。そして、売らないで済むためにも、前にも話したように3ヶ月の生活費は保険として現金で持っておいて欲しいんだ。

投資信託で投資家が得る利益は？

投資信託をすれば、定期的に金の卵が手に入ることはわかったけれど、そもそも投資信託で得る利益はどういうものなのか詳しく説明しよう。

投資信託では「キャピタルゲイン」と「インカムゲイン」というふたつの利益を得ることができる。キャピタルゲインというのは、持っている資産を売ることで得られる売買差益のこと。

例えば投資信託を１００万円で買ったとしよう。ある時、これを売ろうと思ったら、その日の基準価額が１５０万だった。その場合、値上がりした50万円分が利益になるんだ。でも、基準価額が購入時より低かったら損失になる。この場合は「キャピタルロス」と言います。

そしてもうひとつの利益がインカムゲインというもの。これは**投資信託を持ち続けていることで得られる分配金のこと。**投資の実績に基づき、投資家たちに還元される利益のことなんだ。

まぁとにかくわかりやすくいうと、不動産投資のため家を買ったとしよう。その家を売る時に買値より高く売れたら、そこでキャピタルゲインが出る。一方、家を売らずとも、購入した家を賃貸にして、毎月家賃収入があるとしよう。

キャピタルゲインの仕組み

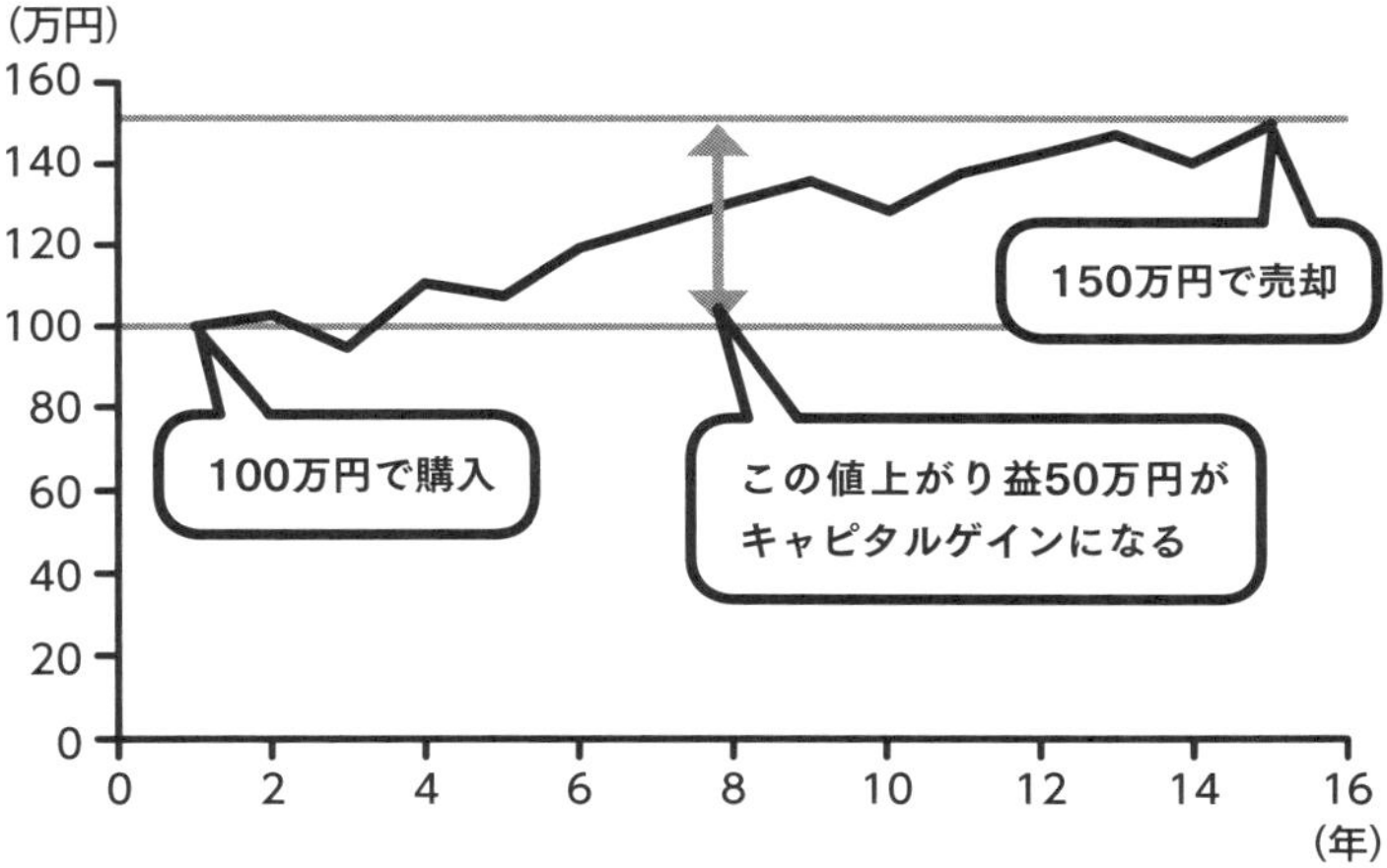

インカムゲインの仕組み

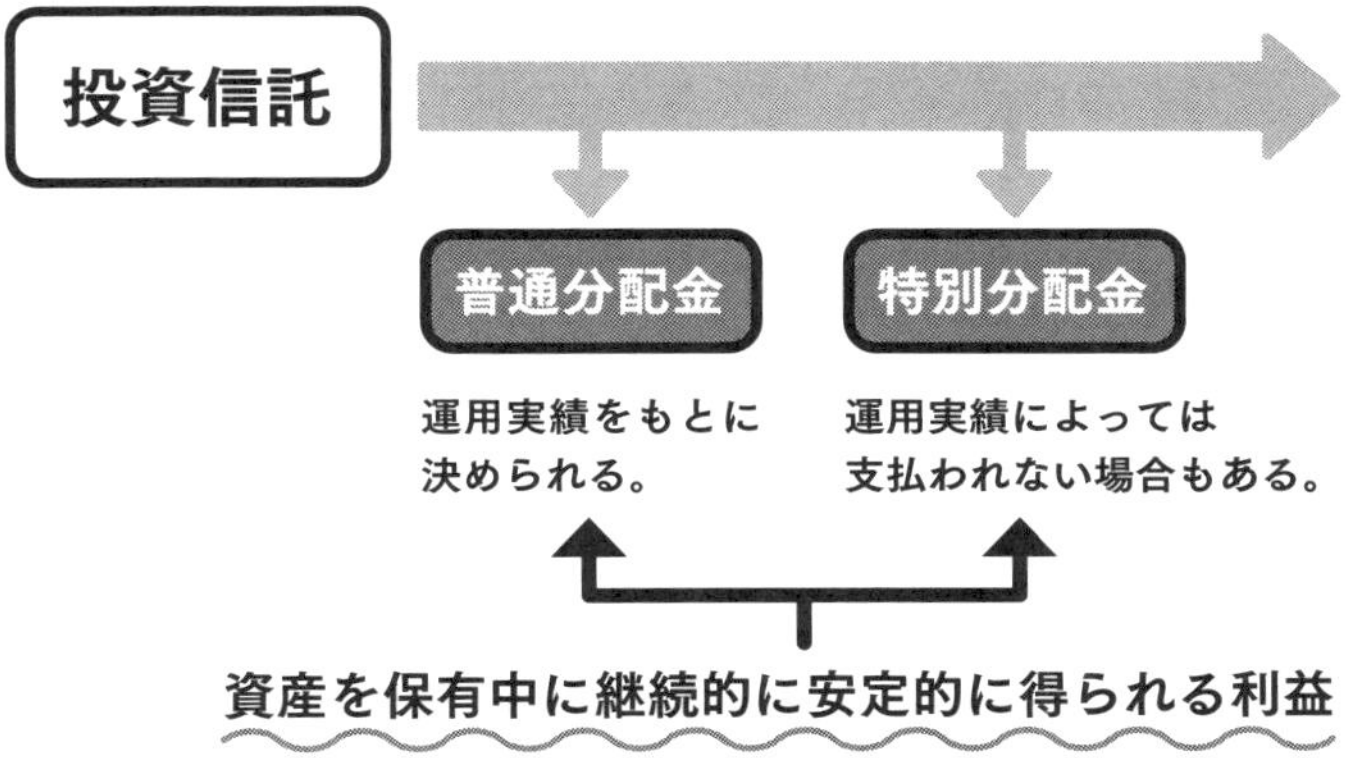

その毎月入る家賃がインカムゲインなんだ。

ちなみに投資信託のリターンを考える場合、インカムゲインとキャピタルゲインの両方を合わせたトータルリターンで考えよう。そしてこの時、もう一度思い出して欲しいのが、銀行の利率だ。メガバンクに現金を預けっぱなしでは、年に約0.1％しか増えない。でもそのお金を仮に僕が投資をしているVTIに投資していたら、年率約13％というリターンをあげているんだ。もうひとつみなさんにおすすめした「楽天・VTI」も運用開始以来、約16％という驚異的なリターンを出している。ここまで聞けば銀行に預けたままじゃなくて、投資をしなくちゃいけないのがわかるよね。

分配金はもう一度投資に活用

長期保有をしていれば、都度インカムゲインが入ることもわかったと思うけど、もう少しだけ詳しく説明しよう。分配金には「普通分配金」と「特別分配金（元本払戻金）」という2種類がある。普通分配金は運用をして得た利益から出てくるもの。「特別分配金」は元本が基準価額より下回っている時に元本の一部を切り崩して出されるものなんだ。自分が受け取っている分配金がどちらに当たるのかは、必ずチェックをしよう。

ちなみに**僕は手にした分配金をすべて必ず再投資に回している。**ボーナスだと思って分配金を使ってしまうのはとてももったいないんだ。

分配金には「受取型」と「再投資型」というふたつがある。受取型はその名の通り分配金が出ると自分が指定した口座に現金として振り込まれる。まさにさっき言ったボーナスだ。何度も分配金が振り込まれるのを見ると、実際に投資がしっかりと成功しているのを実感できるだろう。

一方**再投資型は分配金が出ても自分の手元に現金は支払われない。その分お金は投資信託の中で「再投資用のお金」となって活用される**んだ。僕は断然再投資をおすすめする。

分配金で増えた分のお金を再投資で活用すれば、運用実績にはよるけれど、

分配金を再投資するのが基本

長期で運用して資産を増やすのであれば分配金は再投資をして複利の効果を最大限活かそう！

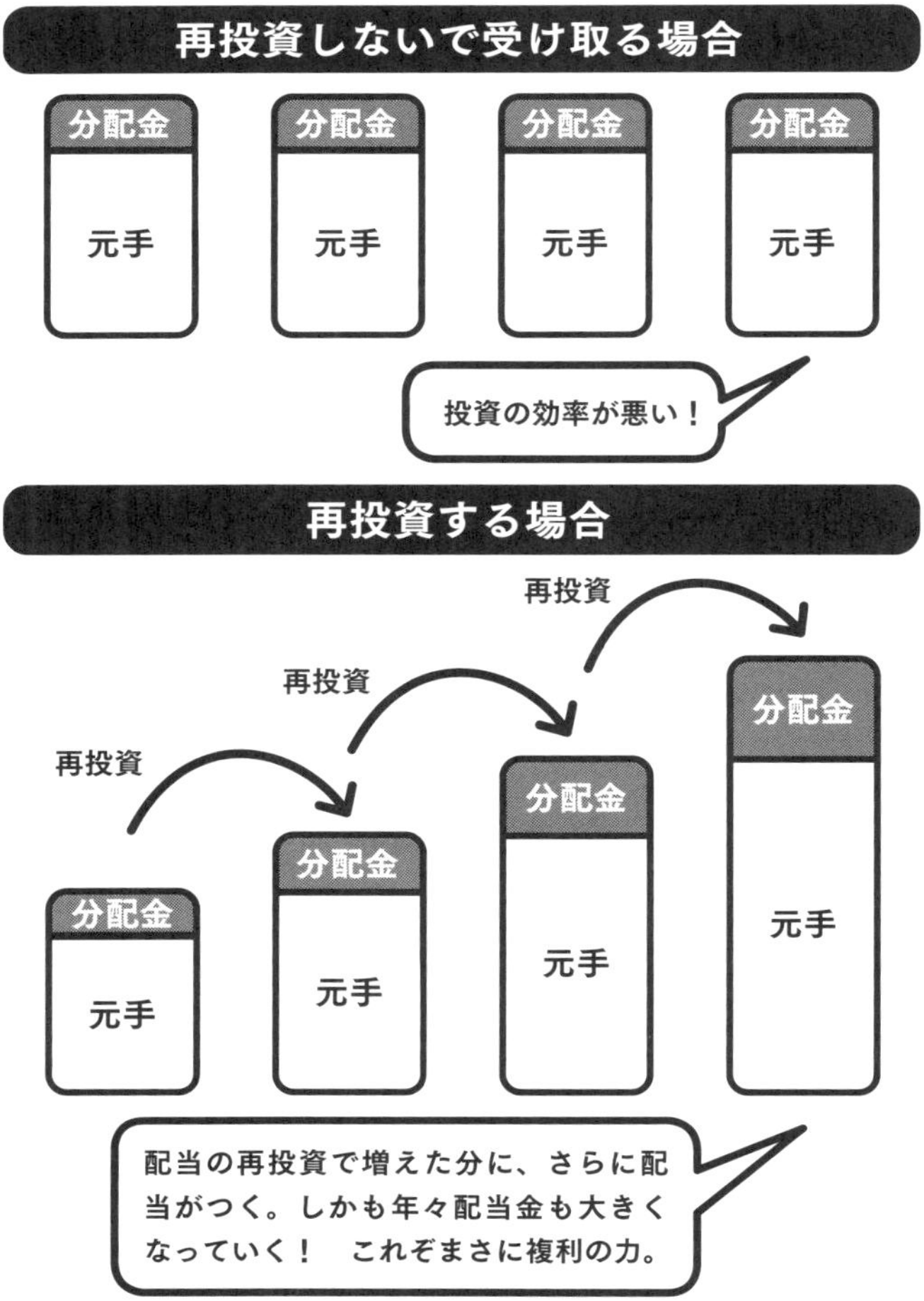

利益を生み出す元手がさらに増え、次のリターンはもっと増えることになるはずだ。長期目線で投資をするなら、分配金はどんどん元本に積み上げることで複利も働いて、将来大きな利益を得ることにつながるんだ。

でも**分配金の再投資は、投資信託に投資をしているか、ETFに投資をしているかで変わってくる。**投資信託に投資をしているのであれば、口座を開設した証券会社で設定をすれば自動的に再投資ができるのだけれど、ETFでは自動的に再投資はできない場合もあり、随時自分で分配金を基に買いつけをして、元手を増やさなくてはいけない面倒さもある。

ちなみに、僕がおすすめした楽天・VTIでは分配金を自動的に再投資に回す仕組みがあるので、証券会社で購入する際に忘れずに「再投資」をクリックしよう。

●利益が出ても手元に残るのは約80％

投資で得られる利益についてわかったならば、もうひとつ忘れてはいけないのが税金のこと。僕は日本に住むアメリカ人なので、読者の人とは税金の仕組みが少し違うので、詳しい話は省略するけれど、覚えておいて欲しいのは、**投資で利益が出ても手元に残るのは約80％だけ**、ということ。

今の日本では投資信託で利益が出たら、その利益に対して20・315％の税金がかかる。内訳は15％の所得税＋0・315％の復興特別所得税＋5％の住民税となる。

例えば投資信託を売却して100万の利益が出たとしよう。その際に1万円の手数料がかかったら、税金がかかるのは手数料を差し引いた99万円が課税対象になるんだ。そのうち20・315％の20万1119円が税金として取られるので、手元に入るのは78万8881円となる。100万の利益がこんなに少なくなるんだよ！　税金って高いよね……。

ちなみにさっき話をした分配金にも税金はかかるよ。「普通分配金」と「特別分配金」のふたつがあったけれど、「普通分配金」は運用から得た利益なので、課税対象になることを忘れないでね。

お金を増やす方法 6

税金を回避できる制度は徹底的に使う!

新NISA、iDeCoを徹底活用

　利益が出ても約2割は税金で取られてしまうという悲しい現実。でも、この高い税金を一定期間・一定額免除される素晴らしい制度があるのを知っているかな。僕はこの制度を使っていないのだけれど、「新NISA」「iDeCo」という仕組みがある。新NISAは2024年に大幅改定された制度で、気になっている人も多いんじゃないかな？　これらは絶対にみんなに活用して欲しい。いずれも投資用の専用口座で、証券会社の口座を開設する時に同時開設できるので、初めて証券口座を開く人は一緒に開設しておくと後で面倒じゃないかもね。

　これらは国が投資を後押しするために作った制度だから、節税効果がとても高いんだ。「新NISA」は運用益や売却益が無期限非課税になり、いつでも売却できるのが大きな特徴。もし新NISAの口座で100万円投資をして、

iDeCoとNISAのメリット

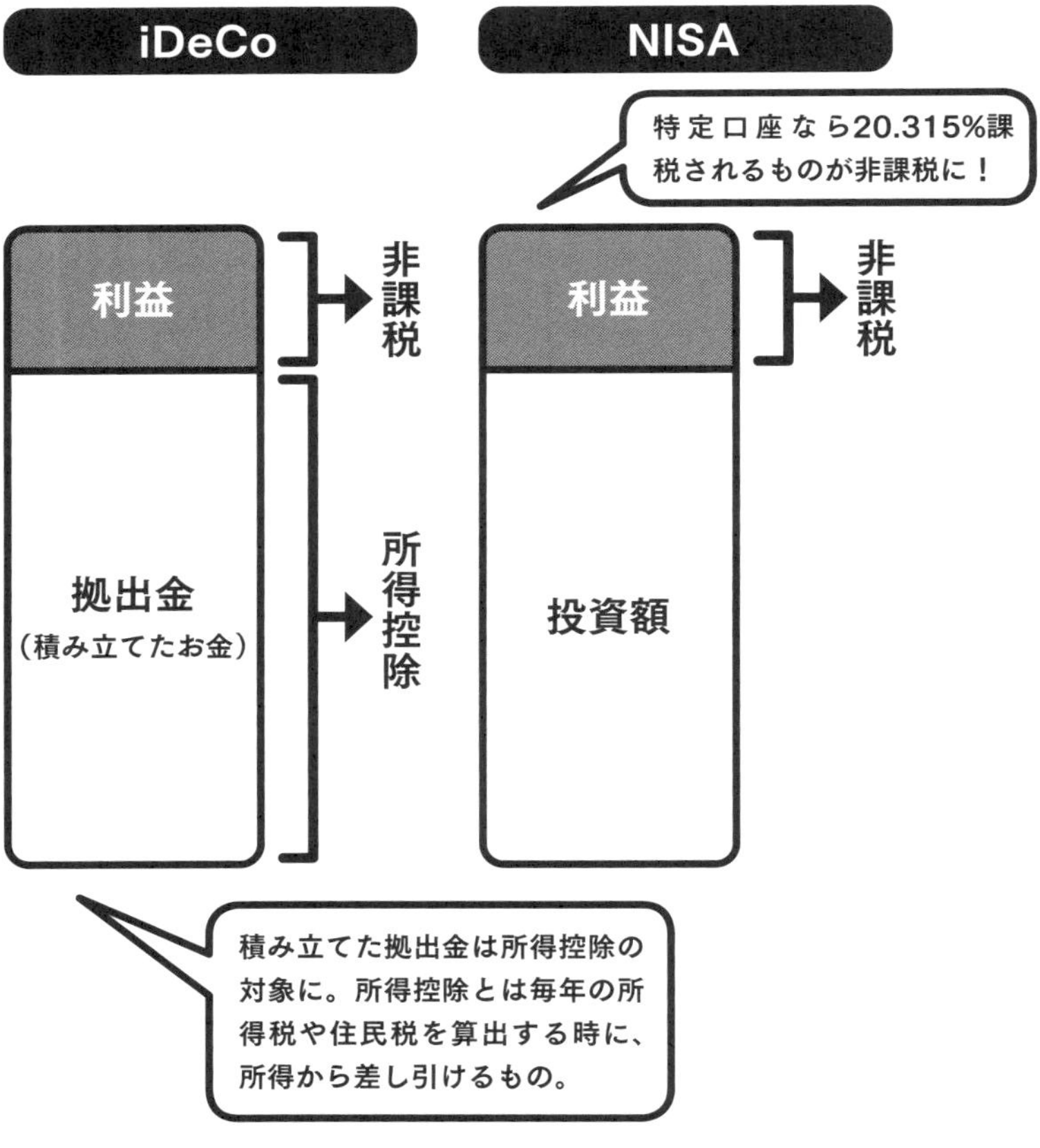

売却した時に150万円になっていたとしたら、利益分の50万円は非課税だから全額受け取れるんだ！

新NISAには「つみたて投資枠」と「成長投資枠」の2つがあり、「つみたて投資枠」は年間120万円を上限に、無期限で非課税になり、「成長投資枠」は年間240万を上限に、無期限で非課税になる。また「つみたて投資枠」と「成長投資枠」は単独でも併用でも利用できる。僕がすすめる投資をしたいのであればいずれの投資枠でも米国株のインデックスファンドを選ぶといい。

一方、「iDeCo」は掛け金が所得控除を受けられて、運用中は非課税で再投資ができる節税効果が高い制度だ。ただし、積み立てた掛け金は原則60歳以降じゃないと受け取れない。いわば自分でやる年金制度のようなものだね。「iDeCo」では積み立てているお金が全額所得控除対象になるから、掛け金が増えるほど所得控除が大きくなる。すると結果的に課税所得が小さくなるから、加入するだけで所得税や住民税が安くなるんだ。

それから分配金などで利益が出ると20・315%の税金が課せられると前に

話したけれど、iDeCoを使っていればこの分は非課税になるんだ。しかも運用中に発生した利益は自動的に再投資されるから、複利の力が働いて、60歳以降に受け取れる額は増えていくはずだ。

ただ、iDeCoは会社員か自営業かなどの違いで掛け金の上限が変わることに気をつけたい。

僕がすすめている「楽天・VTI」は新NISAでも、iDeCoでも選べる対象投資商品だから、節税をしながら積み立てて、複利の効果を最大限に発揮させて資産を増大させることが期待できる。

iDeCoの投資限度額

加入資格		掛け金の上限
自営業（第1号被保険者）		81万6000円 （月額6万8000円）
公務員等（第2号被保険者）		14万4000円 （月額1万2000円）
会社員 （第2号被保険者）	企業年金がない	27万6000円 （月額2万3000円）
	企業型確定拠出年金のみ加入	24万円 （月額2万円）
	企業型確定拠出年金と確定給付型企業年金に加入	14万4000円 （月額1万2000円）
	確定給付型企業年金のみ加入	14万4000円 （月額1万2000円）
専業主婦／主夫（第3号被保険者）		27万6000円 （月額2万3000円）

2024年7月8日現在

ちなみに払い込む回数も選べるので、毎月定額を積み立てても、年1回まとめて払ってもOKだ。

iDeCoとNISAの違い

	iDeCo	成長投資枠	つみたて投資枠
加入資格	20歳以上 65歳未満	18歳以上	18歳以上
非課税枠 （投資上限額）	年間14万4000円から 81万6000円（人により異なる）	年間240万	年間120万
非課税期間	加入時期により異なる	無期限	無期限
引出し期限	60歳まで引き出せない	なし	なし
選べる 投資商品	定期預金、保険商品、投資信託	株式、投資信託、ETFなど	金融庁の基準を満たした投資信託・ETF
所得控除	積立金が所得控除対象	×	×
運用利益 非課税	○	○	○

投資できる金額は「つみたて投資枠」「成長投資枠」合わせて1,800万円まで。そのうち成長投資枠で使えるのは1,200万円。一方、つみたて投資枠にはその限度がないので最大1,800万円を運用してもOKだ！

お金を増やす方法 7

投資をするのは〝今〟が一番いい

今日が一番長く投資をできる日

新NISAやiDeCoに「楽天・VTI」を愚直に積み立てることが、投資初心者が一番簡単に資産を増やしやすい方法とここまで話してきた。あとは口座を開いて投資をスタートするのみ！　でもここでまた思考停止してしまう人が出るんだ。「いつスタートすればいいの？」という疑問が頭に浮かんでしまうんだよね。相場が安い時にお得に始めたいけれど、相場を調べる方法もわからないし、高値掴みをしてしまい失敗しそう、投資は怖い……という負のループの思考にはまってしまい、結局投資をしないんだ。

もうね、そんなこと言ってないで、今、この本を読みながらスマホやパソコンから証券会社のホームページにアクセスして、口座開設手続きを始めて欲しい。

確かに今日は明日より基準価額が高いかもしれない。でも、投資は長期間行うことがリターンを増やしやすい方法で、今日が君にとって一番長く投資ができる日なんだよ。**投資をする上で大切なのは「長期間行うこと」だから1日で**

も若いうちになるべく早くこの重要性に気がついて投資をして欲しい。

とはいえ、この本を手に取った時点で若いとはいえない年代の人もいるかもしれないよね。でもアメリカでよく言われている中国のことわざで"The best time to plant a tree was twenty years ago. The second best time is now."っていう言葉があるんだ。木を植えるのに一番いい時は20年前だった。2番目にいい時は今だっていう意味。もちろん投資も20年前に始めていたら一番良かったんだよね。でも、その時期を逃してしまったのなら、今が一番投資をするのにいい時期ということなんだ。1日でも長く投資をするために、とにかく今、すぐに行動を起こして欲しい。

証券口座の開き方

とにもかくにも、証券口座がない人は口座を開かないとね。証券口座は店頭で対応してくれる対面のものからネット証券までさまざまあるけれど、僕は前述したとおり、手数料が安いネット証券をおすすめする。その中でも

・楽天証券
・SBI証券

が米国株を扱っているし、いいかな。他にもネット証券はあるから、それぞれ「取引手数料」「源泉徴収ありの特定口座に対応しているか」をチェックした上で、自分の投資スタイルに合った証券会社で口座を開こう。

●取引手数料

取引手数料は僕が一番気にするところ。日本株の手数料より米国株の手数料は割高に設定されていて、取引回数が増えると手数料が高ければそれだけリターンに響いてくるんだ。それから、アメリカ株を買う場合、為替手数料もしっかり調べておきたい。現状、楽天証券で投資信託と米国株をNISA口座で売買するのに取引手数料は無料。外国為替（リアルタイム為替）取引を使えば為替手数料も無料だ。他のネット証券も新NISAでの取引手数料は無料というキャンペーンなどもやっているので、よくチェックしてほしい。

●源泉徴収ありの特定口座に対応

米国株のハードルを上げているのが税金の申告。為替の変動によって得られた利益も含めて税金がかかったりと、とにかく確定申告が面倒だ。そんな煩わしさを避けるためには**源泉徴収ありの特定口座に対応している証券会社を選ぼう。**そうすれば自動的に計算をしてくれる。ちなみにSBI証券も楽天証券も外国株式に対する特定口座に対応しているので、証券口座開設の際には忘れずにクリックしよう。

●自動積立に対応

長期間定期的に入金をすることが大切なので、自動的に積み立てをしてくれるのはとても便利だ。定期的に買いたい銘柄の「買付日」を設定して、「株数」もしくは「金額」を指定すると、自分が忘れていても、定期的に証券会社が投資をしてくれる。仕事をしている人など投資にあまり時間をかけられない人にはぴったりだね。

おすすめネット券会社の比較

		楽天証券	SBI証券
投資信託取扱本数		222本（つみたて投資枠）1,145本（成長投資枠）	219本（つみたて投資枠）1,166本（成長投資枠）
つみたて投資枠	商品取り扱いの有無	○	○
	積立最小金額	100円～	100円～
	積立頻度	毎日・毎月	毎日・毎週・毎月
成長投資枠	商品取り扱いの有無	○	○
	積立最小金額	100円～	100円～
	積立頻度	毎月	毎日・毎週・毎月
iDeCo		○	○
源泉徴収ありの特定口座対応		○	○
自動積立サービス		○	○
ポイント		楽天ポイント	Pontaポイント、Vポイント

2024年4月3日調べ

※なお、投資信託には「信託報酬」という手数料がかかります。また、解約するときにかかる「信託財産留保額」という費用が差し引かれる商品もあります。商品の紹介ページで事前に確認をしてください。

ちなみに僕はアメリカの証券会社を使っているため、日本円をドルに替えて、それをアメリカの証券会社に入金して買い付けるということが必要なので、自動ではなく完全手動でやっているよ（笑）。毎週月曜日にドルに替えて、送金。火曜日にアメリカの銀行に着金されて、それを投資会社に入金という作業を毎週定期的にやっています。もうルーティンになったから面倒ではないけれどね。

「楽天・VTI」、「VTI」に投資してみよう

ここまで説明してもやっぱり調べるのが面倒という人がいるかもね……。僕はこれまでいろんな人に何度も米国株のインデックスファンドのすごさを語ってきたけど、正直その中で投資にまで行動を移してくれたのは本当に一握りなんだ。でも実際に僕の前のマネージャーやスタイリストさんはすぐに行動を起こして、今はかなり利益を出している。確かに投資には絶対がない。だから少しでも不安や面倒くささがあると動けないよね。

そんな人のために、まず初心者におすすめの「つみたて投資枠」で米国市場

に上場しているバンガード社のETF「VTI」に連動するインデックスファンド「楽天・全米株式インデックス・ファンド（以下「楽天・VTI」）に投資する方法を詳しく伝えよう。

つみたて投資枠で「楽天・VTI」に投資する手順

①楽天カードを作る
②楽天証券に口座を作り、NISA口座も同時に申し込む
③ログインIDの受け取り（メール）
④マイナンバー登録
⑤つみたて投資枠で「楽天・全米株式インデックス・ファンドVTI」を選んで購入

楽天証券のつみたて投資枠口座で楽天・VTIに投資する

口座開設の申し込み
楽天証券のホームページ（http://www.rakuten-sec.co.jp）にアクセスし、「口座開設」ボタンから申し込みする

↓

スマホで本人確認
スマートフォン＋運転免許証または、マイナンバーカードで「本人確認」を行う。運転免許証もしくはマイナンバーカードがない人は保険証などでもOK

↓

個人情報の入力
住所、氏名などの本人情報を入力し、NISA口座を申し込む（ここでログインパスワードの設定があるのでメモを忘れずに）

↓

ログインIDの受け取り
楽天証券の審査完了後、ログインIDがメールで送付される。※本人確認でマイナンバーカードを利用していない場合は、ログイン後にマイナンバー登録も必要

↓

つみたて投資枠口座で取引開始
ログイン後、画面で初期設定とマイナンバー登録が完了したら、つみたて投資枠で取引開始！

注意したいのは⑤で購入する際に、「NISAつみたて投資枠」をクリックすること。そして、積立の引き落としを選択する際には「楽天カードクレジット決済」を選択するのも忘れずに。こうすることで自動的に非課税のNISAで積み立てをしつつ、楽天ポイントも稼ぐことができる。

●「楽天・VTI」の購入手順

もう少し具体的な購入方法をお伝えしよう。

STEP1 楽天証券の検索窓で「楽天・全米株式インデックス・ファンド」と入力すると、検索した銘柄の価額情報などが載っているページが表示される。その中

STEP1

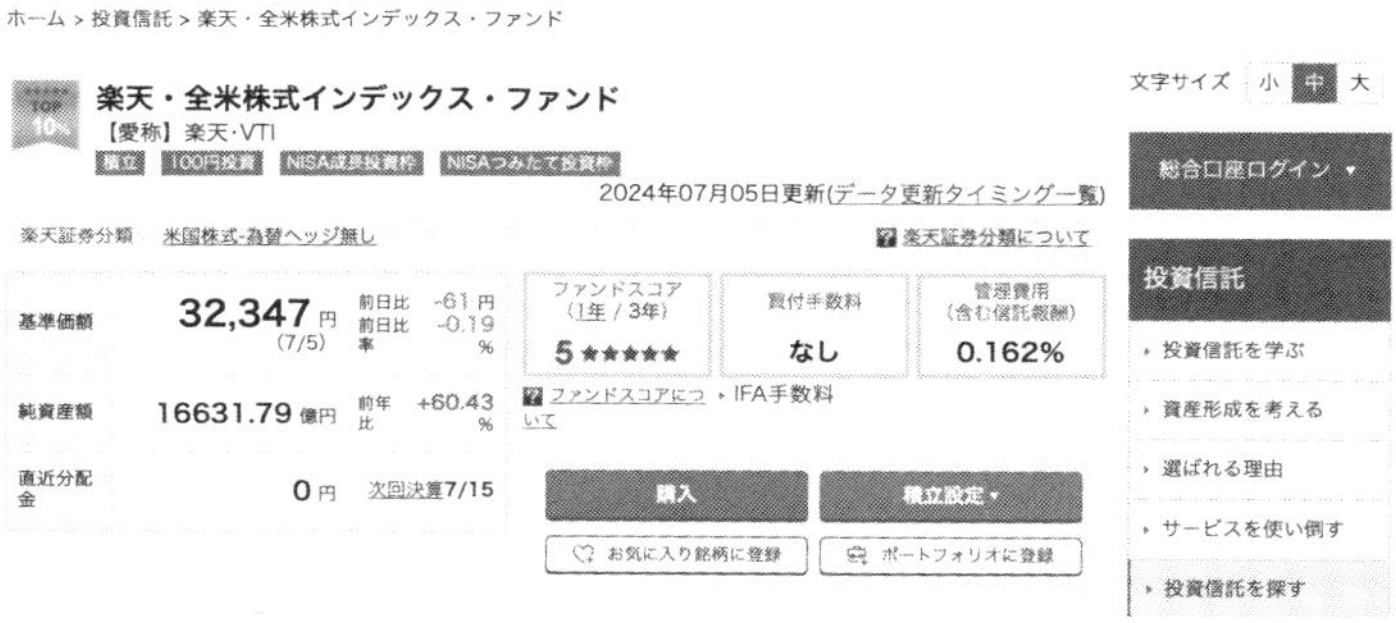

にある「積立設定」をクリックして、「NISAつみたて投資枠」を。

STEP2 「毎月の積み立て金額」を設定する。つみたて投資枠で投資をするのであれば、つみたて投資枠の上限120万まで使い切るために毎月10万円を設定するといいかもしれないね。この金額は無理のない金額にしよう。

STEP3 次に、分配金を選択するページが表示され、「分配金コース」を選択する。分配金は再投資型にすれば分配金が再投資

STEP3

IMPORTANCE OF ASSET FORMATION
SAVING METHOD
INVESTMENT METHOD
REASONS OF ASSET FORMATION

に活用され、複利の力を働かせることができる。

次に、購入しようとしている「楽天・VTI」の投資判断に必要な重要事項を記した「目論見書」の確認をする。

STEP4 引落方法を選択するページが表示され、「楽天カードクレジット決済」を選択し、クレジットカード情報を入力する。その後、積立指定日を設定し、設定内容を確定してから取引暗証番号を入力し、積立設定完了。

STEP4

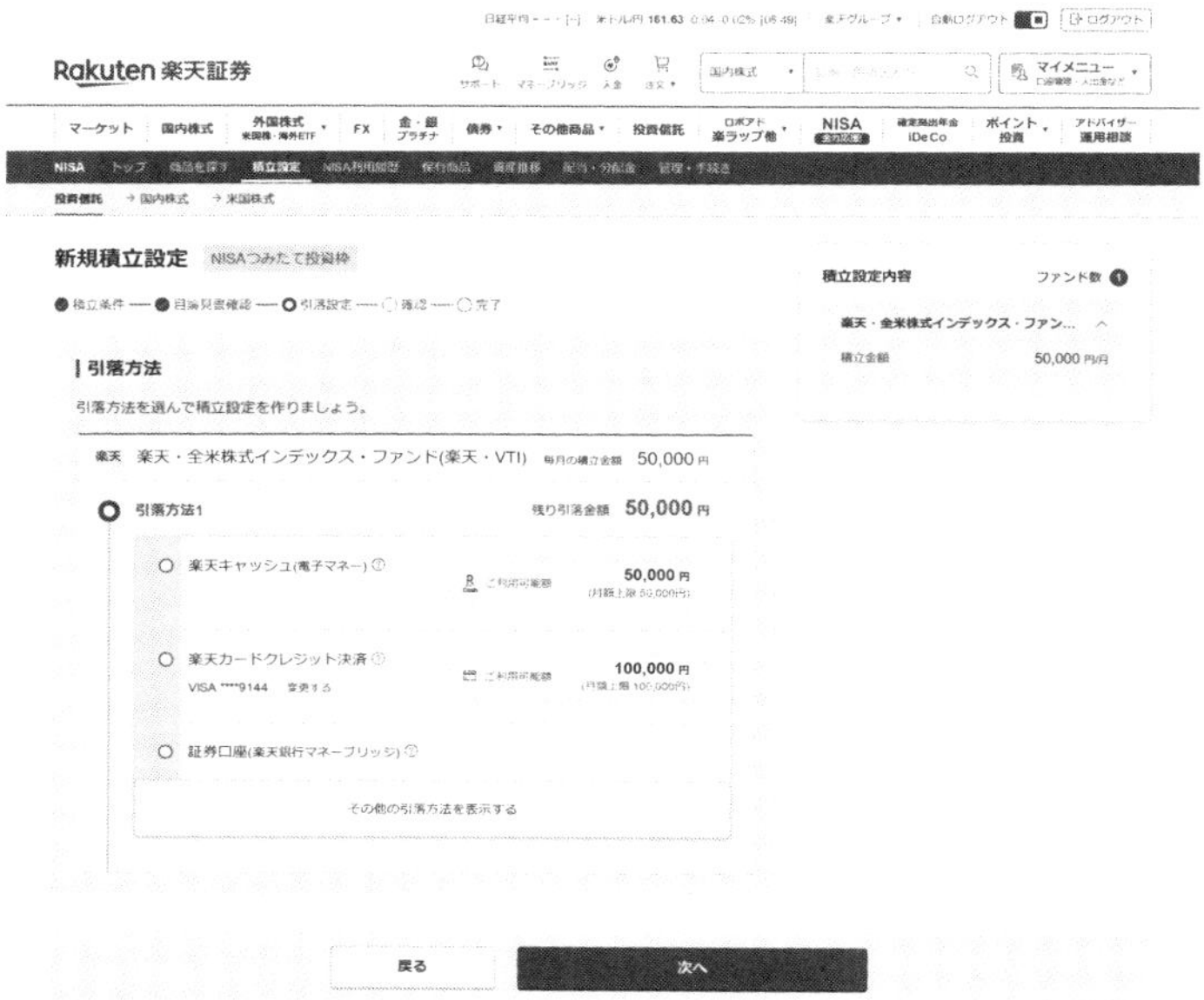

どうだろう？　想像したより手続きは簡単じゃないかな？　楽天証券の口座を開くことができたら、ＮＩＳＡの口座で「楽天・ＶＴＩ」の積立設定が完了するまで、きっとものの15分もかからずにできるはずだ。

●楽天証券で「ＶＴＩ」に投資する手順

今度は僕が実際に投資をしている本家である米国ＥＴＦ「ＶＴＩ」に投資したい人に向けた手順をお伝えしよう。ＥＴＦの買いつけの際に気をつけたいのが、投資信託と違いリアルタイムで価格が変動することに加え、購入方法に「成行」「指値」などがあるということ。

もし、超えたくない購入金額が自分の中であるのであれば、指値で金額を指定して購入するのが精神的にも安心できるだろう。ただ、僕はいつも「成行」で購入している。というのも、「ＶＴＩ」は一日の取引量が約１１００億円もあり、流動性がとても高いんだ。つまり非常に活発にやりとりがされているので、成行で設定をしても値段が想定から大幅に乖離することが少ないんだ。

もう少し詳しく説明すると、流動性が高い商品は「売りたい」と思っている人と「買いたい」と思っている人が常にいるような状態だから、売り手は価格を下げなくてもすぐに買い手が見つけられるし、買い手も資産を確保するために追加の金額を大幅に払うことをしなくていいんだよね。だから流動性のあるマーケットはリスクが少ないと考えられるんだ。投資商品を選ぶ時は「手数料」と同じくらい、この「流動性」が大切だと僕は思っている。

話が逸れてしまったけれど、早速ETFの買いつけを順を追って見てみよう。

STEP1 楽天証券のホームページログイン後、①「外国株式」→②「海外ETF」→③「アメリカ」と進むと、ETF検索画面が表示される。画面左の検索窓で買いつけしたい銘柄の情報をアルファベットで入力する。今回は「VTI」と入力しよう。

STEP2 検索した銘柄の価格情報などが表示される。その後、「買い」のボタンを押して、「数量」を入力後「指値」「成行」「逆指値」のいずれかを指定してから、「指値」の場合は「価格」を入力、「逆指値」の場合は逆指値注文の執行条件を入力する。次に口座を「一般」「特定」「NISA成長投資枠」のいずれかから選ぶ。ちなみに新NISA制度を活用する場合、「VTI」はつみたて投資枠では投資できないので、口座は成長投資枠のみとなる。そして決済方法の部分で決済通貨を選ぼう。日本円の場合は「円で買う」、米ドルの場合は「ドルで買う」になる。最後にすべて確認してから取引暗証番号を入力する。

STEP1

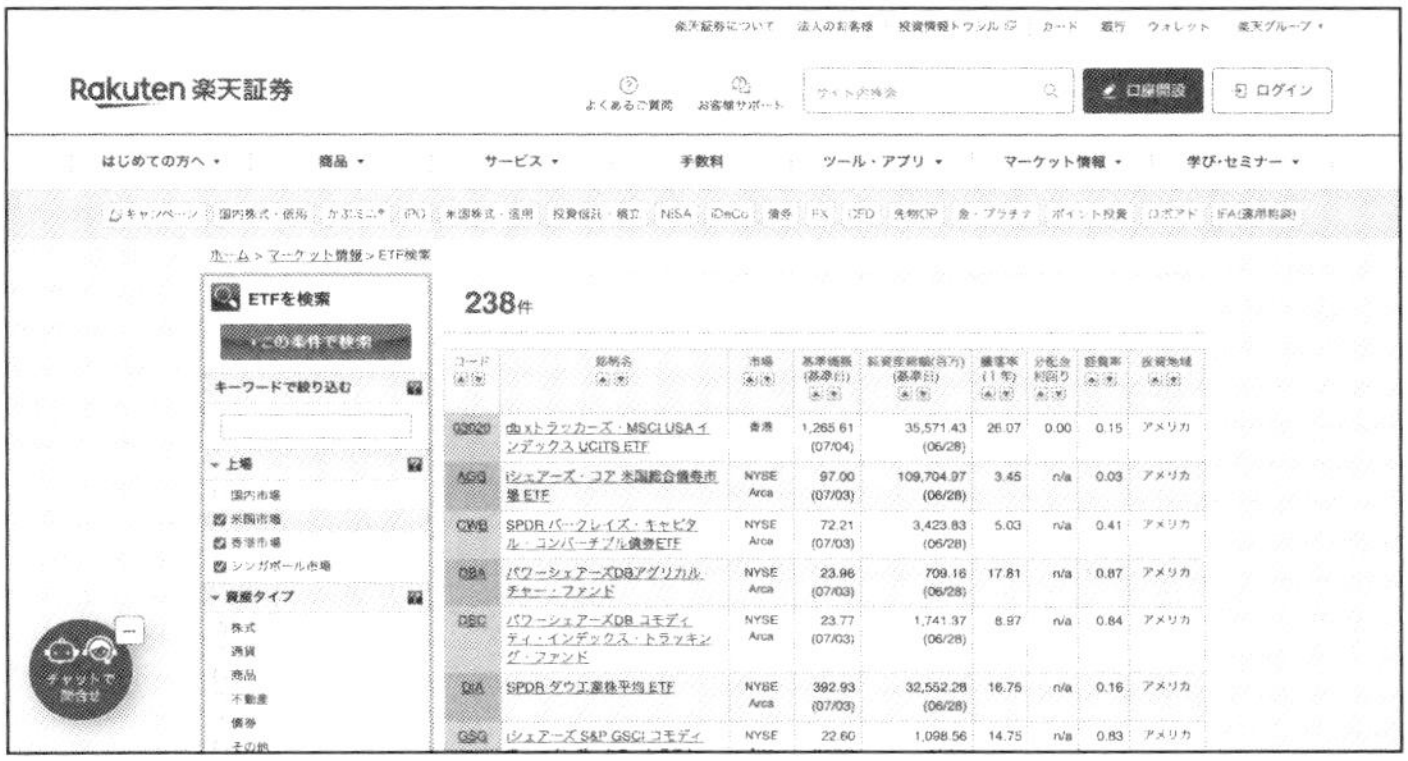

IMPORTANCE OF ASSET FORMATION
SAVING METHOD
INVESTMENT METHOD
REASONS OF ASSET FORMATION

STEP3 入力した注文内容と予想受渡代金が表示されるので、間違いがないことを確認してそのまま発注する場合は最後に「注文」をクリックしよう。注文が完了すると、受付完了画面が表示されて、これで買いつけは終了だ。

ETFはリアルタイムで価格が変動したりと個別株の要素を併せ持っているし、少々手間もかかるので初心者向けではないといわれているけれど、とにかく手数料がすごく安いものも多い。確かに面倒なことが多いのは事実だけれど、

STEP2

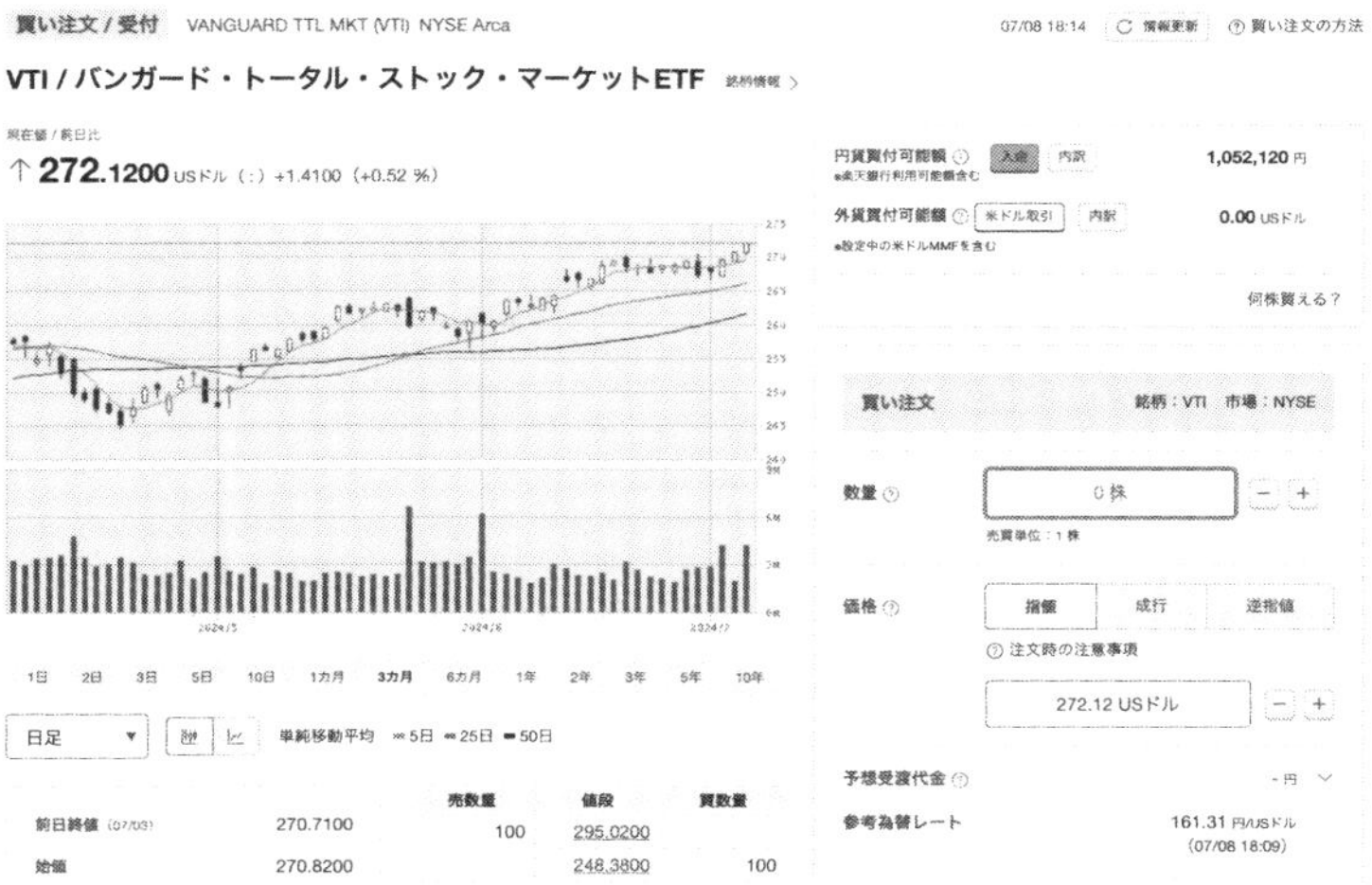

最初から難しい方に挑戦しておけばそれが自分にとってスタンダードになるから気にならないはず。本腰を入れて資産を増やしたいのであればＥＴＦにぜひ挑戦してみてはどうだろうか？

STEP3

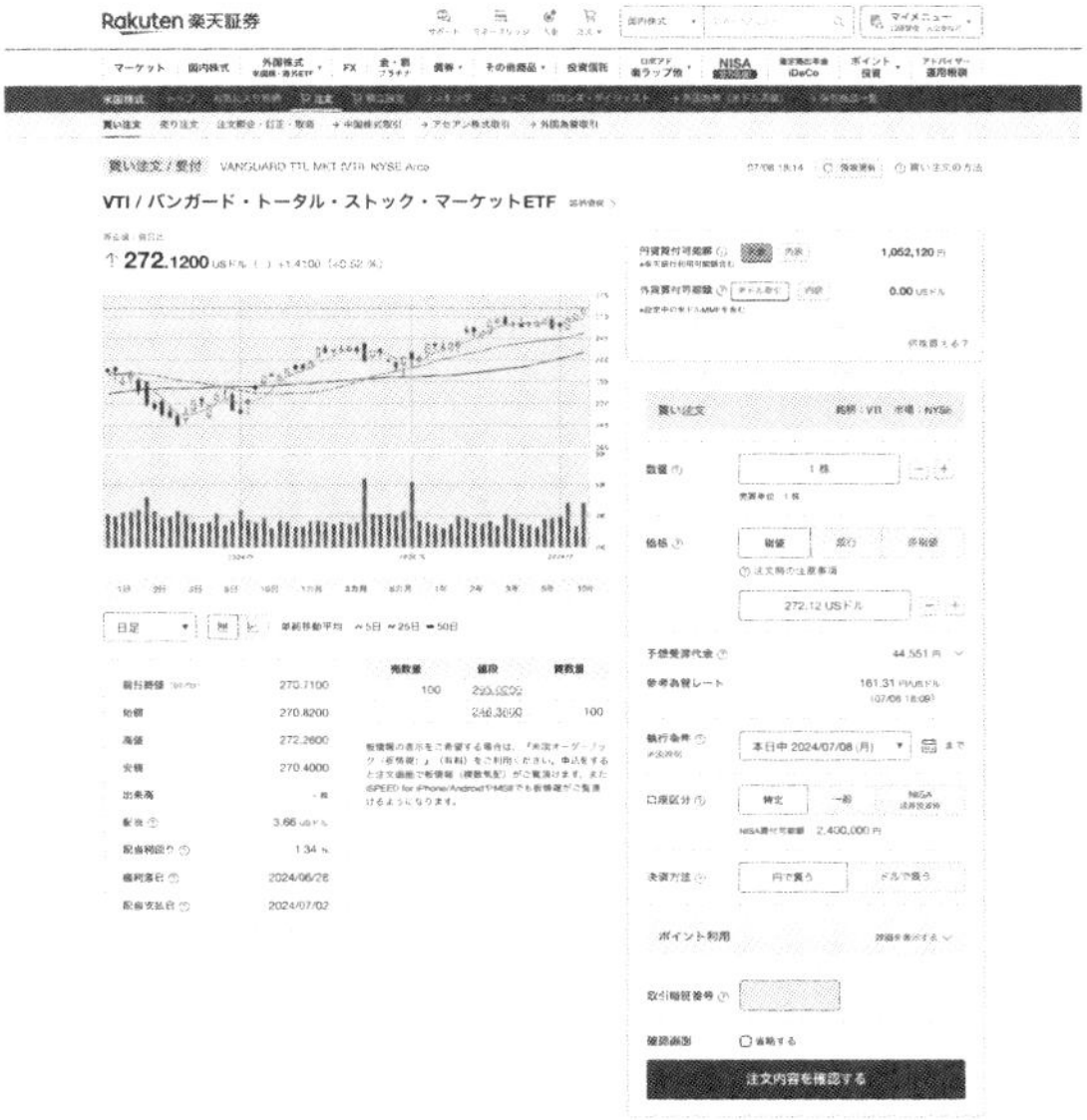

お金を増やす方法 8

毎朝の株価指数チェックと、資産運用と個別株のシミュレーションは欠かさない

株価指数をチェックしても投資法は変えない

僕はとにかく効率的に資産を増やせる方法を探し、しかも面倒にならないような入金方法やルーティンを模索してきた。その結果、35歳で経済的自立を手にすることができ、個別株のように株価や景気に左右されず、毎日気持ちの余裕を持ちながら資産を増やしている。

「米国株インデックスファンドに、定期的に手数料1％以上のお金をとにかく入金し続ける」というシンプルなルーティンさえできてしまえば、あとはただお金が増えるのを待つだけなんだ。だから本当は毎日株価指数や景気をチェックしなくてもいいんだけど、僕は朝起きたらすぐに株価指数をチェックしている。

前章でも話をしたように「VTI」や「楽天・VTI」はCRSP USトータル・マーケット・インデックスという株価指数に連動した投資成果を目指すもので、米国市場ほぼ全体に投資をしているような投資信託だ。だからこその代表的なアメリカの株価指数は毎朝チェックをしている。

それに加えて、アメリカのCNNニュースとアメリカのYahoo!ファイナンス、それから日本のYahoo!ニュースも毎日見ている。かといって、勉強するために経済ニュースをチェックしているわけではなくて、みんなと同じように世界のニュースや、ときには芸能ニュースもチェックしているだけ。

ネットニュースで情報を仕入れる以上に役立っているのは、ポッドキャストかもしれない。僕は毎日2時間以上散歩をしているし、仕事の現場にもよく歩いていくので、その時にずっとポッドキャストを聞いて、そこでファイナンスの情報も仕入れている。僕が必ずチェックしているのは「ABC News」というテレビ局のニュース、あとアメリカのラジオ局NPRが運営している「up first」というニュースは毎日聞いている。それからアメリカの市場の状況を知るために金融関係の「Marketplace」というポッドキャストもチェックしているかな。

とはいえ、ここで得た情報によって自分の投資法を変えることはない。自分が興味があるから聞いているというのが一番の理由なんだけれど、こういった情報を毎日聞いているだけで、「なぜ今日の株価が下がったのか」という市場の動きの理由が読めるようになってくるんだよね。

例えば21年の6月、一時的にアメリカの株価が急に下落したんだよね。それはアメリカのＦＲＢ（The Federal Reserve Board）、つまり日本の日銀のようなものなんだけど、アメリカの中央銀行制度の最高意思決定機関がインフレへの警戒を強めて「金利を上げるのを前倒しにするかも」というひと言を発したんだ。その影響を受けて、一気に株価が下落したんだよね。3％くらい下落したから個別株をやっていた人はかなり影響を受けたようだね。でも、僕は変わらず仕事をしながら、インデックスファンドに入金し続けた。日々ニュースを聞いていたから「きっとこの下落も2～3日すれば戻るだろう」と予測していて、案の定、その読み通りになった。

日常的に情報を仕入れるのは大切だと思う。特に投資をする上ではね。でも、それは情報を活用して運用方法をその都度変えようという話ではなくて、心の備えを保つためなんだ。

株価のほとんどは人間の感情を基に動いているといっても過言ではないと思う。なにかの情報を基に人の心理が動き、それにほかの人もつられて、株価が上下しているんだ。でも情報があれば、値下がりの原因もわかるし、それが人の心理にどう作用して、将来的にはどういう動きになるかがなんとなく読めてくる。それに過去の同じような事象を情報として知っていれば、それも参考になるしね。

デイトレードや個別株をしている人は、日々のニュースにすぐに反応しなければ損益に影響が出てしまいがちだろうし、毎日のニュースに精神的ダメージを受けることもあると思う。でも、**長期的な投資であれば、情報は精神安定剤になるんだ。**

あと、投資をすると、資産を増やすだけでなく、世界に目を広げられるようになるし、想像力も養えると思う。経済がいかに世界を回して、国だけでなく、末端の僕たちの生活を変えていくのかということも感じられるはずだ。

アメリカではコロナの影響で職を失った人たちが家賃を払えないという状況に陥ったんだ。でも強制退去をすると感染リスクが高まることもあって、住居の立ち退きに対して猶予する措置を国の機関が発表したんだ。結局コロナの収束がつかないから21年6月末までの措置が10月まで延期になったんだけどね。でもこの措置によって家賃収入がなくなったことによる経済への影響や、措置の期限が切れて退去せざるを得なくなった人が出てきた時の反応とかも自然と考えるようになる。投資をきっかけに少し先の未来について考えるようになるよね。

仕事がなくなっても暮らしていけるか毎朝チェック

毎朝、株価指数をチェックするのと同時に、自分の資産も必ずチェックします。基本的に放置プレイな投資だけど、現在いくら資産があるのかは必ず確認している。

資産をチェックすること自体はみんなやっていると思うんだけど、僕は資産をチェックしつつ、「仕事がなくなって、収入が一切途絶えた場合、資産運用だけで毎月いくら使えるのか」まで計算します。毎月の支出を大体把握しているから、資産運用で毎月使える額が支出より上だったらその月も安心するという感じだよね。

あと、具体的に家族のライフステージに合わせて資産がどう変化するかというのもチェックしています。

僕が使っている「EMPOWER」という個人の資産を把握するアプリでは、家族のライフステージに合わせていくら必要となるかを計算してくれます。例えば○年に子どもが進学して、僕は○年にリタイアして、子どもも独立して……という人生設計と、実際の資産と毎月の支出を入力すると、今の資産運用でお金が本当に足りるのかということを確率で出してくれるんです。それに、おもしろいのが、今、収入が止まったらあと何年暮らせるかということも教えてくれるんです。これを見ておけば、大体このくらいの時に子どもの教育費がかさむな、とか、この辺りで子どもたちが自立するから、さらに投資にお金を入れられるなということが把握できる。加えて、今の自分の資産運用で大丈夫なのかも確認できるんだ。

ちなみに僕はこれで計算をして、今、収入がなくなっても95％は暮らしていけるという結果が出ている。だから今の支出を守っていけば、生活水準を落とさずに間違いなく家族が安心して暮らせることがわかっているんだ。この数字を見るだけですごい安心だよね。これはアメリカのアプリだから日本ではダウンロードできないけれど、同じような計算ができる日本のアプリは間違いなくあるはずだよ。

それから自分の資産と運用法をベースにデータを算出することもある。モンテカルロシミュレーションって、みんな知っているかな？　ＩＴ用語としても使われるんだけど、乱数を使った数値計算のことで、簡単にいうと問題に対する答えを統計的に出す方法で確率計算などに使われているんだ。

実際の世界では常に年利６％とかで運用できるわけではないよね。だから、

「世界恐慌のタイミングで今の自分の資産運用をしていたら」もしくは「リーマン・ショックの時に今の資産運用をしていたらどうか」、そういう過去の株価や情勢のデータと、自分の今の数字をすり合わせて、「もう一度世界恐慌があった時に自分の資産運用で投資をしていたら成功していたのか」みたいなことを計算している。もう完全なデータオタクだよね（笑）。

手軽にできるものでは「FIRECalc」というサイトや「Rich, Broke or Dead?」というものもある。この「Rich, Broke or Dead?」はモンテカルロシミュレーションを用いて過去のデータと寿命のデータを合わせて、死ぬまでに資産がどういう動きをするのかグラフで見せてくれるんだ。場合によっては死ぬ数十年前にお金がまったくなくなっているっていう結果も見せてくれる恐ろしいサイトなんだ（笑）。

僕はこういったデータを見ることが趣味なんだけど、実はすごく大切なことだと思う。みんな今の支出や貯金、資産運用でなんとなく将来も大丈夫かな、と思ってない？　でもはっきり言うけど、毎月の支出もわかっていない人が、将来安心できるなんて思わない方がいいよ！　お金と曖昧につき合っていると、

ジェイソンがチェックしているアプリなど

EMPOWER

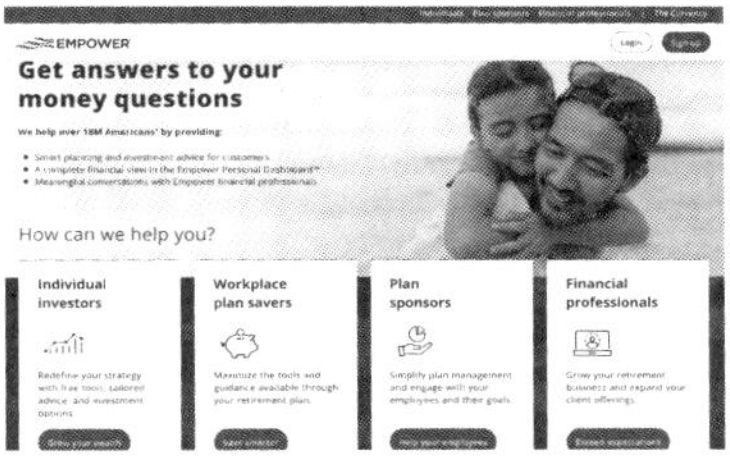

https://www.empower.com

Pod cast「up first」

https://www.npr.org/podcasts/510318/up-first

Rich, Broke or Dead?

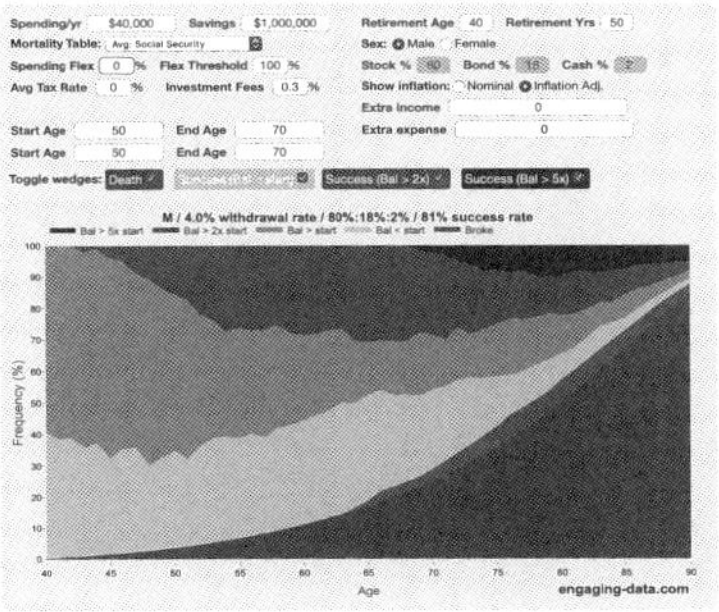

https://engaging-data.com/will-money-last-retire-early/

結局死ぬまでリタイアできないんだ。投資をして資産を増やすことはもちろんだけど、その資産運用で問題がないのか、明確な数字や、軌道修正が必要かどうかを知るためにもデータを見て欲しい。実際に、数字を見ることで、いかに自分が丼勘定で暮らしていたかわかるはずだ。

個別株を買ったシミュレーションをしてみる

僕は個別株は一切やらないけれど、買ったつもりでどれだけお金の増減があるかをシミュレーションすることはよくやっている。

コロナの影響でビジネスも教育もオンラインにシフトしていったよね。ここで注目されたのが今みんなも使っているであろうＺＯＯＭの株。実際コロナを経て一時期はグッと右肩上がりになったんだ。これに注目して、僕はＡｇｏｒａという会社の株に投資をしたつもりでシミュレーションをしていたんだ。Ａｇｏｒａのシステムはｚｏｏｍのように機能をソフトウェアの中に入れ込む作業がなく、簡単にビデオ通話やライブ配信ができるからきっと成長するだろうと思ってたのがきっかけ。正直なことを言うと、想定以上に良い結果を出していたから株を購入してしまいそうになるほど悩んだんだ。でも中国とアメリカの両方に本社を置く会社で、取引先を調べたらほとんどが中国だったということもあって、いろいろリスクがあるように思えて、最終的に投資をしなかった。とはいえ、その当時はものすごい株価が上がって「あぁ、投資すればよかったかな」なんて思ったりもしたけれど、今の株価を見てみると、右肩上がりになる前の株価より下がっているんだよね。いやぁ、危なかった(笑)。

でも、実際に投資はしなくても、どんなタイミングで売買をしたら、どれだけ利益が出たか、というシミュレーションはＡｇｏｒａの株にかかわらずしています。

僕にとってデータを調べることは、運用方法を変えたり、投資先を変えるために行っているというよりは、自分の投資方法が間違っていないか、そして今の資産で安心していいのか、そんな足元を見つめ直すための行動かもしれないね。でも、この確認をするからこそ、自信を持って自分の投資方法が間違っていないと言えるんだ。

お金を増やす方法 9

トレンド銘柄に飲み込まれないように!

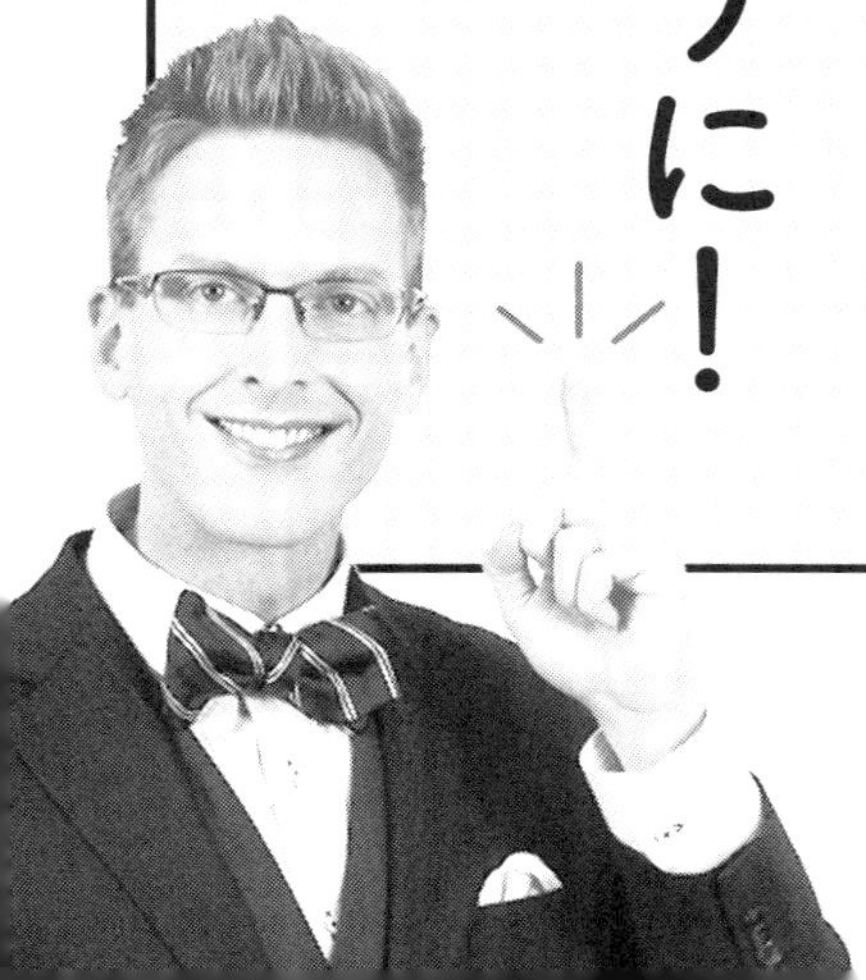

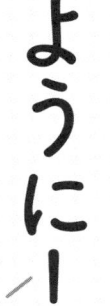

お金を増やす手段として話題になっている「個別株」に投資をする方法もある。でも、**僕は個別株を購入したシミュレーションはするけど、実際には買わない**。過去には個別株に投資したこともあります。その時はたまたま良いタイミングでＡｍａｚｏｎとテスラの株を購入したので、ある程度は儲けを出すことができました。こういうことを話すと「やっぱり個別株はチャンスがあるよね」と思う人が出てくると思うんだけど、僕はやはりおすすめはしない。

理由としては、**企業の業績や市場を自分で予測できない**から。僕が最初に入社したＧＥでは、入社した時に自社株を買うことができて、僕も数株所有していました。購入した当初は１株65ドルだったかな。でもしばらくしたらリーマン・ショックが起きて、ＧＥの株はたった２週間で６ドルにまで暴落したんだ。とはいえ13年も前のことだから、今は復活したと思う人もいるだろうけれど、残念ながら現在でもＧＥの株は10ドル前後なんだ。アメリカで有数の優良企業でも、この状態なんだ。こういうことを考えても正直個別株はギャンブルに近いと僕は思っている。

もうひとつの理由としては、個別株は**日々のやりとりが面倒**だから。毎日企業の動向や株価を調べて売買をするのが本当に大変だし、それに時間を割いた分のリターンが確実にあるとも思えない。特にデイトレードをすると、売買をするたびに手数料がかかるし、税金も発生する。この手数料と税金をカバーできるだけ稼ごうとすると、実質倍くらい儲けを出さないとプラスにならないと思う。それに日々の値動きに一喜一憂するのも精神的に疲れるしね。

もちろん個別株も長期的に考えて保有することもできるけれど、先に話したバフェットとファンドマネージャーの10年の賭けのことを思い出すと、最終的にはインデックスファンドに勝てないと僕は信じている。

それから、どんなに**優良企業といわれている会社でも、僕は正直100年持たないと思っているから、個別株には手を出しません**。アメリカを代表する株価指数のひとつ「NYダウ（ダウ平均株価）」は米国株式市場を把握する重要な指数で、ニューヨーク証券取引所やナスダック市場に上場している米国の有名な30銘柄を厳選しています。このNYダウに採用されるのは優良株の証しと言われているんだけど、僕が勤めていたGEは業績不振により2018年に構成銘柄から外れたんだ。1896年にダウ平均が作られた時のオリジナル銘柄だったのだけれど、GEが外れたことで、最初の構成銘柄はすべて消えたんだよね。つまり優良株と認められていた企業も100年持つか持たないかということなんだ。

100年というスパンで考えなくても、身近な例でいえば「トイザらス」がわかりやすいかもしれないね。アメリカのおもちゃ業界のトップだったトイザらスもAmazonの成長により営業不振に陥り、2017年に破産法を申請して、米国内の全店舗を閉鎖したんだ。（※2021年トイザらスは新しい株主であるWHP Globalのもと、米国内で事業拡大をすることを発表）もちろんAmazonだけが破産の原因ではないだろうけれど、ずっとあるだろうと思っていた企業が100年待たずにAmazonに入れ替わってしまった。時代が変われば企業がなくなるのは仕方ないこと。でも、長期目線で投資を考える僕にとっては、やはり個別の企業に投資するのは危険だと思わざるを得ないんだ。

ダウ平均株価構成銘柄

	企業名	セクター
1	アップル	ハードウェア
2	アムジュン	バイオ医薬品
3	アマゾン・ドット・コム	インターネットストア
4	アメリカン・エクスプレス	クレジットカード
5	ボーイング	航空宇宙機器
6	キャタピラー	建設機器・高山用機械
7	セールスフォース	クラウドベース顧客管理システム
8	シスコ・システムズ	コンピューターネットワーク機器
9	シェブロン	石油＆ガス
10	ウォルト・ディズニー	エンターテインメント
11	ダウ	総合化学メーカー
12	ゴールドマン・サックス・グループ	投資銀行
13	ホーム・デポ	ホームセンター
14	ハネウェル・インターナショナル	電子制御システム自動化機器
15	IBM	情報システムサービス
16	インテル	半導体
17	ジョンソン・エンド・ジョンソン	製薬・医療機器・ヘルスケア
18	JPモルガン・チェース	銀行
19	コカ・コーラ	清涼飲料
20	マクドナルド	ファーストフードチェーン
21	スリーエム	化学・電気素材メーカー
22	メルク	製薬
23	マイクロソフト	アプリケーションソフトウェア
24	ナイキ	スポーツ用品
25	P&G	一般消費財メーカー
26	トラベラーズ	損害保険
27	ユナイテッドヘルス・グループ	医療保険・医療サービス
28	ビザ	クレジットカード
29	ベライゾン・コミュニケーションズ	通信技術ソリューション
30	ウォルマート	ディスカウントストアチェーン

2024年7月調べ

一定の基準を満たさない場合は、今後の成長が期待される企業に銘柄は入れ替わります。2024年2月にはアマゾン・ドット・コムが新たに銘柄入りしたんだ。ダウ平均の構成銘柄を見ると、より一層テクノロジー銘柄との連動が強くなっていることがわかるよね。

そして個別株をやらない最大の理由とは、前述しているように**僕が資産運用しているVTIには、個別株で投資をしたくなるような優良企業がすでに含まれているから。**

例えばGAFAM（Google、Amazon、Facebook、Apple、Microsoft）といった魅力的な企業の株に個別で投資をしようとすると、株価もそれなりに高いので大量の株を購入するのは難しいだろうし、日々の値動きがあるのでいつ売買するかも初心者にはとても難しい。でも、僕の推している投資信託には既にこれらの企業の株が含まれているんだ。先にも話したように、米国株式市場の投資可能な銘柄の約4000銘柄に広く分散して投資をしているから、誰もが知っている大企業がもれなく入っているんだ。だから投資信託に積み立てているだけで、優良企業の株を持っているのと同じなんだよね。しかも、中小企業の株も入っているから、これから大化けする可能性を秘めている株もある。それこそ個別株に投資をしている人が夢を見るテンバガー（10倍株）も入っているはずだ。ここまで理解すれば、あえてリスクをおかしてまで個別株で投資をする必要はないことがわかるよね。

お金を増やす方法 10

成長性、流動性が悪いもの、そして暗号資産には絶対投資しない

資産を増やす方法で思いつくものに、今、話題の暗号資産（仮想通貨）がある。サッカー選手のメッシの契約金の一部が暗号資産で払われたことは、大きな話題になっていたよね。でも、僕は暗号資産のように将来が見えないものを投資先として選ぶことはない。ほかにも「コモディティ」「中国株」「不動産」には少し懐疑的だ。その理由を説明していこう。

暗号資産

個別株と同様、僕が絶対手を出さないのは「暗号資産」です。２０２１年８月には暗号資産市場の時価総額が2兆円を超えたと大きな話題になったよね。ビットコインもイーサリアムもいずれも上昇して、芸人仲間の間でも暗号資産に投資をしている、もしくはしたいと言っている人が多かった。でも、僕は一貫してやめた方がいいと伝えています。**それはビットコインの価値と将来が見えないこと、そしてなぜここまで急騰しているのか理由がわからないから。**

400年ほど前にオランダで**「チューリップ・バブル」**というのがあったのを知っていますか？　ヨーロッパの中でも経済が発達したオランダは、投資が活発に行われるようになったんだけど、その投資のひとつとして珍しいチューリップの球根が一部の収集家や貴族の間で高額で取引されるようになったんだ。これに目をつけた一般の人たちも、ひと山当てようとチューリップ市場に参入。当時はチューリップの球根ひとつで馬車や家が買えるほどの高値がついたらしい。

でも、考えてみればチューリップ自体にそんな価値があったわけではなく「どうやらチューリップで儲かるらしい」という噂が人々を過熱させ、価値が高くなっただけなんだよね。だから、人々がふと我にかえった時には一切買い手がいなくなり、チューリップの価格が暴落。多くの人が莫大な債務を抱えることになったんだ。

僕にはこの話が今の仮想通貨のブームとかぶるところがあるように思えてしかたがない。チューリップの球根が「これだけの値段を払っていいよ」という人々の考えによって価値が決まったように、**ビットコインもそれ自体の価値で**

はなく、人々の思惑によって価値が決まっているからだ。

それからもうひとつ、**現在取引されている仮想通貨がこれから50年後も残っているかと考えた時に、残っていると思えないから投資はしない。**

現在、暗号資産の時価総額2位のイーサリアムにはスマート・コントラクトという仕組みがあるのだけれど、これは「ある条件を満たせば、誰かの許可を得なくとも、自動的に契約内容を実行してくれる」というもの。例えば不動産の売買で契約書や登記簿のやり取りをしなくても、スマート・コントラクトなら取引の記録がすべて残るから契約書を作成したりする手間が省けて、トラブルなく売買が簡単にできる、そんなものなんだ。

僕はこの機能自体はビジネスの発展に一役買うと思っている。でも、こういった便利な機能は、最終的に国が発行しようとしている「デジタル通貨」に組み込まれ、イーサリアム自体もなくなるような気がしている。実際、中国では世界に先駆けて法定通貨のデジタル通貨・デジタル人民元の実用化が進んでいるといわれている。これに対抗してアメリカも間違いなくデジタルドルの実用化を進めるはずだ。そうなると結局、ビットコインやイーサリアムといった仮想通貨は近い将来なくなるように思えてならない。そうなった時、今、仮想通貨で積み上げているお金は、チューリップ・バブルのようにはじけてしまう可能性がある。

コモディティ投資

「コモディティ投資」という言葉を聞いたことはあるかな？　この言葉を知らなくても「金の価格が高騰」とか、「原油高が家計を直撃」などと話しているニュースを耳にしたことはあるんじゃないかな？　「金」や「プラチナ」それに「原油」、「小麦」など商品（コモディティ）への投資はコモディティ投資というんだ。

コモディティは農産・畜産物なら天候や災害の影響を受けて価格が変動し、貴金属やエネルギーは政治などの影響を受けやすい。株式市場の価格変動要因とは異なるから、株式投資と合わせてリスクヘッジでコモディティ投資をする人も多いんだよね。

それに加えて、コモディティはインフレに強いのも魅力なんだ。インフレ時には現金の価値は下落するけれども、反対に物の価値は上昇する、コモディティは商品＝モノだからインフレになると価格が上昇する傾向があるんだ。

保険としてコモディティに投資をするのは資産を増やすひとつの方法だろうね。でも僕はあまり魅力を感じていない。企業に投資をすれば企業が成長して、新たな商品やサービスを生み出していくよね。でも、コモディティは世界的

主なコモディティ投資の種類

貴金属	エネルギー	農産・畜産物
金	ガソリン	小麦
白金	原油	とうもろこし
銀	天然ガス	大豆
銅	軽油	コーヒー
アルミニウム	ヒーティングオイル	牛・豚肉

な危機が起きた時に価格が上昇するけれども、コモディティ自体が成長することはない。例えば金そのものにものすごい成長性があるかというと、ちょっと考えにくいよね。それに金の価値も、僕からすればさっきの「チューリップ・バブル」のように「人々が作り上げた価値」のような側面があると思うんだ。だからどこかで人々が「金に価値はない」と思った瞬間暴落する気がしている。

長期投資をする視点で考えた時に、今後の成長が考えにくいコモディティという金融商品は僕にとってあまり魅力的ではないので、投資先としては考えていないいんだ。

中国株

中国はとてもパワフルだし、IT業界にいる僕としても魅力的な会社はたくさんある。アリババ集団やテンセント、バイドゥとかはグローバル企業として、株価も躍進を見せているよね。でも、21年の7月末に中国当局がこれらの企業に対し規制を強化した影響で「チャイナ・ショック」といわれるほどの株価下落が起きたことは記憶に新しいと思う。ここ最近もインターネット企業や教育産業、不動産、それに芸能界にも厳しい締めつけをしているよね。

中国の民間企業が成長する一方で、企業が政府の意向と少しでも乖離を始めるとこのような事態が起きる印象があるので、成長性や将来性は間違いなく望めるけれど、僕はちょっと怖くて中国株に手を出せないのが正直なところ。ただ、いずれの企業も業績は悪くないし、長い視点で見ればまたチャイナ・ショックから復活をすると思う。でも、とにかくリスクを減らしたい保守的な僕の投資法としては中国株は選択肢にないかな。

不動産

今、日本でも不動産投資はちょっとしたブームだよね。ちなみに僕が持っている不動産は日本の住宅だけ。社会人になった時、アメリカで自分が住む部屋を購入したんだけれど、ローンの金利が8％で、その後にリーマン・ショックが来て本当に大変な目に遭ったんだよね。あの時はまだ20代だったし、失敗をしてもリカバーできる時間が僕にはあった。でも、こういった経験もあるので不動産投資はしていない。

日本の不動産を投資対象として見ることについては、僕は消極的な意見を持っている。アメリカ人の資産の大きな割合を占めるのは不動産だといわれていて、実際2020年から不動産の価値がずっと右肩上がりだ。そもそもアメリカの住宅は日本のように30年とかで建て替えるようなものではないので、築100年を超えても資産価値が上がるんだよね。でも、日本の住宅は建て替えることがベースにあるから、資産として考えられるのは土地だけのような気がしている。

それに加えて個人で不動産を投資目的で買うと管理が大変だし、空き家になってしまうと損失も出るし、それを埋めなくちゃという精神的な負担も大きい。管理のための事務作業なんかもかなり出てくるよね。

そしてなにより僕が不動産投資を積極的にやらない理由は流動性が低いからなんだ。不動産は売りたい時にすぐ売れる商品ではないよね。例えば急遽お金が必要になった時、不動産は一部分だけ売ることはできないから、全部売るか、もしくは売らずにキープするしかない。しかも急いで売るとなると、向こうの言い値の安い値段で売却せざるを得なくなるよね。

僕が投資している投資信託なら、配当金と売却益のバランスがよくて、お金が必要になったら必要な分だけ売却することができる。それになにより流動性がいい。不動産のようにこまめなマネージメントも必要ないし、なにも考えずにお金を定期的に積み立てればいいだけで、**時間とエネルギーを費やす必要もない。**

ちなみにREITという不動産投資信託も僕はやっていません。その理由は配当金は高いけど、基準価額が上がりにくいから売却益が安い、もしくはマイナスになる可能性があるから。配当金と売却益のトータルで考えると、株式市場には勝てないと判断したので、不動産投資はやりません。

COLUMN 3

「良い借金」と「悪い借金」〈住宅ローン編〉

コラム2で住宅ローンは良い借金と話したけれど、もう少しわかりやすく説明しよう。

例えば**1000万円の家を現金で一括購入したとしたら手元に残るのは家だけ**だよね。でも、仮にその1000万を資産運用に回し、1%の金利で30年のローンを組んだとしよう。その場合、毎月返済するのは3万3千円。年間39万6千円になる。となると、1000万円の投資で利回りが3・96%出ていれば資産運用でローンの支払い分はカバーできる。ちなみに税金まで加味すると、約4・95%の利回りが出ていればすべて資産運用でカバーできるんだ。

僕が提案している資産運用方法なら長期で考えれば6%のリターンが得られる可能性がある。ということは、1000万円を資産運用に回せば税金まで含めたお金を運用でカバーできる上、差分の約1%は複利の力でお金が増えていくことになる。つまり、**1000万の現金が残り、住宅も手に入り、かつ複利の効果で347万8489円も手に入るんだ。**

頭金を多く入れる必要も、繰り上げ返済をする必要も全くないよ。持っている現金は運用に回し、住宅ローンを組んだほうが最終的に資産は増えるんだ。

ちなみに変動型のローンを組んでいる人は、金利が変わったタイミングで都度この計算をすることが必要。万が一資産運用の利回りが下がってしまい、ローンの金利がそれを上回るようなら、いったん資産運用に入金していたお金をローンの返済に回して、早く繰り上げ返済をした方が賢い。でも決してこれまで運用してきたインデックスファンドを売却して、住宅ローンを満額返済する必要はないと思う。株価が下がっているタイミングでインデックスファンドを売却してしまうのはもったいないからね。

CHAPTER 4

資産形成は
自分の人生を手に入れる手段

01 お金の話をもっとしようよ！

日本ではお金の話はあまりオープンにしないよね。まぁ、それはアメリカでもそうかもしれない。とはいえ、アメリカのお金持ちはお金を持っていることをアピールする人も多いけどね。ほら、ラッパーとかで歯にダイアモンドや金を埋め込んでいる人とかいるでしょ（笑）。

ちょっと話は逸れてしまったけれど、僕がなにを言いたいかというと、お金の話をもっと社会でするべきだと思う。1章でもマネーリテラシーについて話をしたけれど、お金のことを学ばずに成長してしまうから、お金で失敗する人が多いんだと思う。生きる上でこんなに大切なことなのにね。

例えば先に話した複利のこともそう。学校で算数として勉強するだけでは「お金がお金を生み出す複利」の効果を実感するのは難しい。でも「元手1000万円を利回り5％の投資信託で運用すれば30年後には約4321万になる」と誰かが話しているのを耳にすれば、誰だって「なにっ?!」って耳を傾けるよね（笑）。

この複利について理解していればリボ払いは絶対にやってはいけないことだっていうことにも気がつくと思うんだ。よくリボ払いに20％の金利がついているとか聞くけど、恐ろしいよね。これは「逆複利」といって、元金に手数料を加えたものに、さらに手数料がつくというシステムなんだよ！ いろんな意味でアインシュタイン博士が「人類最高の発明は複利だ」と言ったことも納得できるよ。

僕は決して自分の資産額をオープンにしよう、と言っているわけではなくて、お金にまつわる話を普段からすれば、みんながお金で失敗をしないし、より幸せな人生を送れるきっかけになると思うんだ。まぁ、話を聞いてもなにもしない人もいるだろうけれど、それは個人の自由だからね。

あと、お金の話をオープンにしないから、お金がお金を生み出す投資を「詐欺」とか「悪」という目で見てしまうようになるんだと思う。もちろんお金には悪い面もある。あらぬ方向に人の心を動かすこともあるし、なにより借金をして人生を壊してしまう人もいる。

でもこの借金だって**「良い借金」と「悪い借金」**があることを知識として知っていれば、人生は大きく変わるんだ。

僕は資産運用だけで暮らせるけれど、同時に多額の家のローン、つまり借金も抱えている。これをいうと「結局、FIREなんて嘘じゃん」と言われるかもしれないけれど、実は僕がしているのは「良い借金」なんだ。

「良い借金」ってどういうことだろう、と思うよね。僕は家を購入するときに住宅ローンを組んでいるんだけれど、これは「良い借金」なんだ。どういうことかというと、僕の行っている投資は前も話したように過去のデータを基に見ると平均で年換算リターンが6・4％を下回ることがない。この金利より下回る借金はした方がいいんだ。

もう少し詳しく説明すると、例えば1％の住宅ローンを30年で組んで、その分のお金を全額投資に回したとしよう。そうすると投資で得られる６・４％の年換算リターンから住宅ローンの１％を差し引いた、５・４％分を得ることができるんだ。仮に現金で住宅を購入できたり、少しでも早く現金を支払って住宅ローンを完済することができたとしても、僕はおすすめしない。あえて借金をして、手持ちの現金は投資に回すことで、差分を利益とすることができるんだ。

ちなみに投資の年利を上回る金利の借金は「悪い借金」。リボ払いや消費者金融の金利は20％とかあり得ない設定だ。これは絶対に手を出してはいけないよ！　アメリカのＰａｙＰａｌ社が日本のオンライン決済サービスのＰａｉｄｙ《ペイディ》を買収したことで話題になったけれど、このサービスにも分割払いがあって、高い金利が設定されている。このサービスに限らず、若い子たちはネットで買い物をよくするだろうけれど、知識がなくて分割払いをしていたらすごい損をしているんだよ。

良い借金、悪い借金の知識がないと人生ずっと損をしたままになるんだ。お金の話は難しいというけれど、お金の知識の有無が人生の豊かさを決めるんだ。

02 子どもを幸せにする手段のひとつはお金の教育

僕には三人の娘がいる。彼女たちは僕たち一家の資産を知りません。でも仮に知っていたとしてもむやみやたらな贅沢は絶対にさせません。僕の投資方針のひとつでもある節約を彼女たちにも知って欲しいと思うからね。

とはいえ、決して欲しいものを「買っちゃダメ！」とは言わないよ。むしろ、いつも「買っていいよ」と言っている。でも、その後に必ず「それは本当に欲しいものなの?」「ほかを探してみたり、もう少し待てば同じものが安く買えるかもよ」というアドバイスはしているよ。何度も言っているけれど、節約というよりは、自分にとってそのものに価値があるのか判断する力を身につける教育をしているんだ。

僕は小さい頃からお金について話をしてくれる両親がいたし、学校でもお金について考えるきっかけをくれた先生がたまたまいたから、その重要性に若いうちから気がつくことができた。でもアメリカでも日本でも、学校でお金について教えてくれないよね。だからこそ僕は家庭内でお金について子どもに教える必要があると思う。

ちなみに子どもたちはお小遣い帳を持っていて、お手伝いをしたりするとごほうびにお金をもらえるシステムになっている。コツコツと貯めたお金をお小遣い帳に記して、お年玉として1年のお小遣いの合計額の10％分のお金をあげているんだ。彼女たちにはしっかり説明しているから、この10％が年利だという意識があるのでムダ遣いはしません。

また、小さいうちから複利の重要性にも気がついて欲しくて、長女には説明をしました。今まで貯めたお小遣いを崩して、欲しいものを買おうとしたら、元金が少なくなって、お年玉でもらえる10％の金利のお金も少なくなるし、そうなると翌年の金利でもらえる額も少なくなるんだよと話をしました。丁寧に機会があるごとにこういう話をしていることで、娘たちも理解をしてくれているようです。

日常で体験することから説明をすれば子どもには定着しやすいと思うよ。でもここまでちゃんとお小遣い帳を記入させているけれど、実は彼女たちは実際のお金は持っていなくて、お小遣い帳に数字を記載しているだけなんだ。実態が伴わないお金だからある意味、暗号資産だね。先取りだよ（笑）。


僕の資産は将来的には彼女たちに渡ることになると思います。でも、積極的に渡そうとは考えていません。やっぱりある程度苦労をしないと学ぶことはないだろうし、人生経験も浅いものになってしまう。なにかを手に入れるために努力して勉強することはとても大切だからね。僕だって徹底的に勉強してデータを調べて今の投資法にたどり着いて、資産を増やしたからね。

子どものお金教育の話ではないけれど、夫婦や親ともお金については話をしたほうがいい。自分が投資をしたいのに、家族間で意見が食い違っていたら結構大変だと思う。そういう家族にはぜひこの本を読んでもらいたいね。**米国株のインデックスファンドに投資をすることは決してギャンブルではない**ということをわかってもらえるはずだ。

投資にめざめて、一緒に節約を楽しんだり、NISAやiDeCoの口座を作ったりして、家族みんなで資産運用に向けて動けたらいいよね。そういうスモールステップはすごく大事だよ！　僕は6年前にX（旧Twitter）のつぶやきを基にした『日本のみなさんにお伝えしたい48のWhy』（小社刊）という本を出版していて、その中で**「例えば毎日10分〇〇する。毎日連続でやって、その連鎖を壊さなければいつの間にかすごいことになっている」**っていうつぶやきを掲載しているんだけど、まさにそれ！　小さなステップだとしても家族みんなで前に進んでいけば、最後にはすごいことになっているんだよ！

っていうか、僕、本当にブレてないね。でも、ブレずに愚直にやってきたから今の自分があるし、ストレスフリーな経済的に自立した生活を謳歌できているんだ。この幸せになる方法を家族に伝えないでどうするの？

03 お金は目的じゃない、幸せを手にするための手段だ

これまでずっとお金を増やす方法について話をしてきたから、ここまで読むとお金を増やすことが目的と思ってしまう読者の人もいるだろう。でもそれは違う。もともと僕は物欲もないしね。

じゃあ、どうして資産を増やしているのかといえば、それはなにが起きても家族を守ることができると思える安心のため、それから、自分の人生の選択肢を増やすためかもしれない。

お金があるからこそ家族が望むものを手渡すことができるし、家族が挑戦したいことを応援できる。お金があるからこそ、生活のためにひたすら仕事をするのではなくて、自分が今、興味があることに集中することができる。

お金はきっと、自由に人生を謳歌するための切符なのかもしれない。僕はこの本を通して、みなさんが一度しかない人生を有意義に過ごすために必要なお金を増やす手段を伝えてきた。何度もしつこく言うけれど、それは、

節約して、コツコツ入金して、待つ。

どんな人でもできる再現性の高い投資法だよ。実際、僕の投資法をマネして資産を増やしている人はいる。だからあとは行動するのみ。ちなみにさっきも話した、前に僕が出版した本にいいメッセージが書いてあったからここで伝えたい。自由へのパスポートを手にしたいなら、この言葉を何度でも思い出してほしい。

「継続しろよ。ただやれよ。なんで続けようとしないの?」

おわりに

最後まで読んでいただきありがとうございました。

みなさんが投資に対して感じていた難しさや怖さを少しでも取り除くことができていたら良いなと思います。そしてなにより積極的に投資に対して行動してくれていたらうれしいです。

でも一方で、この本を読んで「なんだ、すぐに何百万も儲けられるすごいテクニックが載っていると思ったのに、残念」と思っている人もいるかもしれないね。でも、何度もいうけれど僕が伝えているのはギャンブルじゃない。保守的に堅実に、自分の資産を少しずつでも増やしていく方法だ。

市場は上下に動くことを繰り返しているし、将来的に暴落が来ることも間違いなくあるはずです。でも「長期間のスパンで見れば下がり続ける市場はない」と僕は思っています。だからどんなに大変な時期

EPILOGUE

おわりに

がこれから来たとしても、一緒に楽しく投資をしていきましょう。

僕は投資においても人生においても「複利」という考え方が好きだ。以前つぶやいた言葉で、みんなからたくさんの「いいね」をもらって、僕の書籍にも掲載した「複利」のすごさを伝えた言葉で最後を締め括りたい。

毎日0・1%よくなるか、悪くなるかとする。
1日だけであまりわかるような差ではない。
ただ、1年間続くと重なっていく。
44%スキルアップ、または30・6%スキルダウン。
今日は0・1%よくなるか？　それとも0・1%悪くなる？
毎日少しずつ。

小さな一歩をこの本で踏み出して、どうか大きな人生の変化を遂げてほしい。そう願って僕は止まない。

厚切りジェイソン

索引

INDEX

索引

ジェイソン流
お金の増やし方
改訂版

2024 年 9 月 20 日　初版発行

著者　厚切りジェイソン
発行人　木本敬巳
編集　山田真優
編集・構成　知野美紀子（Lighthouse Editing）
装丁・デザイン・DTP　荒木香樹
撮影　島村 緑
ヘア&メイク　津谷成花
スタイリング　松川 茜
校正　竹田賢一（DarkDesign Institute）
協力　株式会社ワタナベエンターテインメント
発行・発売　ぴあ株式会社
〒150-0011
東京都渋谷区東1-2-20
渋谷ファーストタワー
03-5774-5262（編集）
03-5774-5248（販売）
印刷・製本　中央精版印刷株式会社

本書の取材は2021年9～10月中旬にかけて実施しております。
本書は2021年に刊行した『ジェイソン流お金の増やし方』を、新NISA開始に伴い、
一部2024年7月末現在の情報にあわせて改訂を行っております。
今後、手数料など掲載内容と変更になる場合がございますので、
予めご了承くださいますようお願いいたします。
情報の利用によって何らかの損害を被ったとしても、出版社および著者は責任を負いかねます。
投資にあたっての最終判断はご自身でお願いいたします。

ISBN 978-4-8356-5001-2